Para mis queridos
Amigos Edy y Rafael
Con todo el cariño

CAMBIO DE CÓDIGO Y MANTENIMIENTO DEL ESPAÑOL POR CUBANO-AMERICANOS EN DADE COUNTY, FL Y FILADELFIA, PA

JOSÉ J. ZUAZO

Cambio de código y mantenimiento del español por cubano-americanos en Dade County, FL y Filadelfia, PA

EDITORIAL PLIEGOS
MADRID

I.S.B.N. : 978-84-94830-15-0
D.L. : M-12562-2018

Colección Pliegos de Ensayo
Diseño: Pliegos

EDITORIAL PLIEGOS
Verónica 8, Bajo-C
28014 Madrid
www.pliegoseditorial.com

Impreso en España
Composición: Juan Luis Romero Martos
Impresión: Safekat, S.L.

ÍNDICE

Capítulo I
Introducción

En el presente trabajo se estudiará una población de segunda generación de cubano-americanos con el propósito principal de determinar si en esta población se produce el Cambio de Código y si éste se produce, en que instancias toma lugar.

También se estudiará el mantenimiento del español con respecto a aspectos de pronunciación, gramática y usos de vocabulario y modismos por la primera generación y la segunda generación y finalmente la tercera generación, entre las dos poblaciones estudiadas la de Filadelfia, PA y la de Dade County, FL.

Como antecedentes históricos se examinará el medio ambiente, la educación recibida y el habla entre los abuelos cubanos y la generación de los padres nacidos en Cuba, la primera generación para los propósitos de este estudio. Esto ayudará a determinar el léxico, la fonética, la morfología y las características generales del habla que recibieron los hijos de la segunda generación de sus antecesores.

Se estudiarán las causas políticas y económicas que llevaron a la salida de Cuba de los padres y los abuelos y últimamente a la llegada a los Estados Unidos y la migración interna y el desarrollo económico y educacional de las familias en este país. Se destacará el nivel educativo de los informantes con el objeto de establecer si el factor educación ha tenido influencia en la presencia o en la falta de Cambio de Código en la segunda generación.

La literatura sobre el Cambio de Código es bastante extensa en las poblaciones méxico-americana y puertorriqueña, debiéndose esto al tiempo de residencia y a la concentración poblacional que los mencionados grupos llevan establecidos en los Estados Unidos. Los estudios sobre el Cambio de Código en la población cubano-americana son casi no existentes, debido esto a que esta población es relativamente joven, ya que la actual gran inmigración de cubanos empezó a llegar a los Estados Unidos a partir de la década de los años 60.

La originalidad de este estudio consiste en estudiar las instancias en que el Cambio de Código se manifiesta o no se manifiesta en la población estudiada, la cual consiste en dos grupos de informantes de cubano americanos de segunda generación, criado uno en Dade County y el otro en Filadelfia, los cuales son de edades y de nivel de educación semejantes, ambos criándose con los padres y los abuelos en un medio socio-económico de clase media, donde en la casa el español era el idioma de comunicación.

Los métodos utilizados aquí corresponden en principio a los de la "etnología de la comunicación" (Hymes: 1964). Quiere decir que este estudio no pretende ser ni teórico ni cuantitativo. Las observaciones son basándose en eventos reales de comunicación; el estudio incluye referencia a los participantes individuales y a sus antecedentes históricos y sociales en la interpretación de los datos. Las conversaciones de los informantes han sido grabadas y observadas en Dade County, Fort Lauderdale y Filadelfia, durante el período comprendido de 1996 a 2001. También se ha utilizado el medio de la conversación telefónica grabada. Este medio se ha utilizado para acelerar la recolección de datos debido a la dificultad que existía en recolectar la misma mediante la grabación personal por la distancia entre La Florida y Pensilvania. En menor escala se utilizó la entrevista personal; ésta se utilizó con el propósito de recoger información sobre la educación en español que recibieron los informantes, así como también sus experiencias personales sobre instancias de discriminación por el hecho de ser hispanos en general y cubanos en particular. Las grabaciones y las observaciones se obtuvieron de un medio espontáneo, mayormente en reuniones familiares y en actos especiales como bautizos, celebraciones de fin de año, navidades, etc. Dos factores creemos que contribuyeron a la espontaneidad por parte de los informantes, primero a que las grabaciones fueron hechas en un ambiente relajado, y segundo a que el investigador formaba parte del núcleo familiar. Lo anterior contribuyó a ameliorar la "Paradoja del Observador". De acuerdo con Labov (1972: 209) "the aim of linguistic research in the Community must be to find out how people talk when they are not being systematically observed; yet we can only obtain these data by systematic observation."

Este estudio también intentará hacer generalización sobre el uso actual y el futuro del español por las varias generaciones, así como también su uso cuando los informantes estaban en sus años formativos. Se examinará el mantenimiento del español y la influencia del inglés en el primero por parte de la primera generación, el grado de cambio hacia el inglés como lengua dominante por parte de la segunda generación, y la posible sustitución del español por el inglés en la tercera generación.

La organización del cuerpo principal de este estudio es la siguiente en el capítulo dos de este estudio exploraremos a grandes rasgos el entorno histórico de la República de Cuba, sus luchas por su independencia de España, las intervenciones estadounidenses, su desarrollo como república y la revolución castrista que llevó a gran número de cubanos a emigrar.

En el tercer capítulo se estudiarán las vidas de los abuelos y de los miembros de la primera generación durante sus vidas en Cuba, se explorará la educación que recibieron y las condiciones socio económicas en que tuvieron que vivir.

El cuarto capítulo tratará más detalladamente sobre las diferentes condiciones históricas bajo las cuales tuvieron que vivir las generaciones de los abuelos y los padres de los informantes en Cuba, sobre las causas, políticas e ideológicas que causaron la salida de Cuba de los diferentes miembros de las familias bajo estudio, y sobre su llegada a los Estados Unidos.

El quinto capítulo, expone la trayectoria de las familias estudiadas en Estados Unidos de América y también la educación y la socialización de la segunda generación en este país.

En el sexto capítulo se describirán las características fonológicas y morfológicas del español cubano y más específicamente las del dialecto habanero. Se estudiarán las características históricas que determinaron su formación, con especial interés en las influencias de los dialectos andaluz y canario.

El capítulo siete describirá en que situaciones se usan los dos idiomas, su uso situacional y metafórico, el cambio de código por parte de la primera y segunda generación y cuando éste toma lugar, sus diferentes tipos. Ejemplos de conversación serán estudiados para ejemplificar los diferentes cambios de código, así como las diferencias en el uso del español por parte de los informantes de segunda generación de Dade County y de Filadelfia.

El capítulo final será un resumen de las conclusiones extraídas de los capítulos anteriores. Así como también se harán proyecciones sobre el mantenimiento del español en la segunda y la tercera generación una vez que la influencia personal de los abuelos se haya atenuado o desaparecido completamente.

Capítulo II
Entorno histórico

En este capítulo se describe el marco histórico en el cual tuvieron que vivir la generación de los abuelos y la primera generación que forman parte de este estudio. Se explica a grandes rasgos la tardía independencia de Cuba, la instauración de la República y la vida republicana, el advenimiento de la revolución de 1959, y las causas que llevaron a dejar la isla las poblaciones aquí estudiadas.

La República de Cuba fue instaurada en 1902, durando la guerra de independencia de la misma desde 1895 hasta 1898; mas hay que tener en cuenta que Cuba había estado en guerra con España desde el año de 1868. Este período de 1868 a 1895 se puede subdividir de la siguiente manera, de 1868 a 1878, la Guerra de los Diez Años; varias tentativas revolucionarias de 1878 a 1895; y por último lo que se conoce como la Guerra de Independencia que duró de 1895 a 1898 (Portell Vilá 1986: 28).

Con la excepción de Puerto Rico y Cuba las repúblicas americanas ya habían obtenido su independencia de España para el año de 1826. "La siempre fiel Isla de Cuba", en las palabras de Fernando VII, obtuvo su independencia tardíamente, casi 80 años después que sus hermanas del continente. Esta demora se puede atribuir a diferentes factores tales como la condición insular de Cuba la cual causó la imposibilidad de ayuda por ejércitos amigos, como sucedió con la liberación de las naciones del continente americano, el gran número de españoles que emigró a Cuba al liberarse las repúblicas hispanoamericanas, y por último el miedo de la población blanca de un levantamiento de esclavos como pasó en Haití.

Finalmente al alcanzar su libertad en 1898 vino la intervención por parte de Los Estados Unidos. Esta intervención duró directamente de 1898 a 1902, año de la constitución de la República, y después de 1906 a 1909, e indirectamente a través de la Enmienda Platt hasta el año de 1934.

2.1. GOBIERNOS REPUBLICANOS

La historia de la República, pasó por varios períodos convulsos a través de sus 56 años de historia (1902-1958). Para que el lector pueda tener una idea más clara de lo anterior, vamos a exponer una relación de los diferentes gobiernos que tuvo Cuba durante su período Republicano.

La siguiente información fue obtenida de la Enciclopedia de Cuba (1974: Tomo 9, pp., 1-834).

- Tomás Estrada Palma (1902-1906)
- Charles E. Magoon (segunda intervención estadounidense) (1906-1909)
- José Miguel Gómez y Gómez (1909-1913)
- Mario García Menocal y Deops (1913-1921)
- Alfredo Zayas y Alfonso (1921-1925)
- Gerardo Machado y Morales (1925-1933)
- Alberto Herrera y Franch (1933)
- Carlos Manuel de Céspedes y Quesada (1933)
- La Pentarquía (Sergio Carbó Morera, Ramón Grau San Martín, Guillermo Portela Möller, José Miguel Irisarri y Gamio, y Porfirio Franca Echarte) (1933)

- Ramón Grau San Martín (1933-1934)
- Carlos Hevia y de los Reyes Gavilán (1934)
- Carlos Mendieta y Montefur (1934-1935)
- José A. Barnet y Vinageras (1935-1936)
- Miguel Mariano Gómez (1936)
- Federico Laredo Brú (1936-1940)
- Fulgencio Batista y Zaldívar (1940-1944)
- Ramón Grau San Martín (1944-1948)
- Carlos Prío Socarrás (1948-1952)

Como se ve por lo anterior, la corta vida republicana de Cuba fue bastante convulsa. Esto lo demuestra la gobernación norteamericana de 1906 a 1909 y el envió de tropas del mismo país en 1917, así como también el número de gobiernos entre 1933 y 1940 que fueron los años en que Batista al ser el jefe del ejército ejercía el poder real.

También pesaba sobre la isla de Cuba hasta su derogación en 1934 la mítica espada de Damocles, la Enmienda Platt, nombrada así por el senador estadounidense Orville H. Platt la cual establecía en su artículo tercero:

> Que el Gobierno de Cuba consiente que los Estados Unidos pueden ejercitar el derecho de intervenir para la conservación de la independencia cubana, el mantenimiento de un Gobierno adecuado para la protección de vidas, propiedad y libertad individual y para cumplir las obligaciones que, con respecto a Cuba, han sido impuestas a los Estados Unidos por el Tratado de París y que deben ahora ser asumidas y cumplidas por el Gobierno de Cuba (Enciclopedia de Cuba, T. 4: 653).

A pesar de lo anterior desde 1940 la República había alcanzado un ritmo constitucional, al efectuarse las elecciones consecutivas de tres presidentes, Batista, Grau y Prío; mas este ritmo fue quebrantado al producirse el golpe de estado del 10 de marzo de 1952.

2.2. Segunda Etapa de Fulgencio Batista y Zaldívar

El 13 de marzo de 1952, el general Fulgencio Batista y Zaldívar, hombre fuerte de Cuba del 1936 al 1940, y presidente electo de 1940 al 1944 derribó el gobierno constitucional del presidente Carlos Prío Socarrás, el cual había sido electo en las elecciones del 1948.

Durante el gobierno de Batista el país gozó de una relativa prosperidad económica. Debido a esta prosperidad, durante los años de 1952 a 1956, la principal oposición al gobierno estaba representada por las clases intelectuales y estudiantiles; por otra parte, las clases comerciantes e industriales apoyaban en su gran mayoría al gobierno. Fue más tarde que debido a la represión policíaca muchas veces cruenta muchas familias de las antedichas clases sintieron, a través de sus hijos, la represión del gobierno trayendo esto como consecuencia la alienación de muchas personas de estas clases del gobierno.

La oposición al gobierno de Batista no era monolítica, ya que varios grupos de diferentes ideologías lo combatieron, tales como: Organización Auténtica, Directorio Revolucionario Estudiantil, Segundo Frente del Escambray y el 26 de julio entre otros.

2.3. La Revolución Cubana

El 26 de julio de 1953 un grupo de jóvenes encabezados por Fidel Castro Ruz intentó tomar el cuartel Guillermo Moncada, nombrado así por el General Moncada combatiente de la Guerra de Independencia; dicho cuartel está en Santiago de Cuba, Provincia de Oriente. El intento fue fallido y en el mismo cayeron 22 soldados del gobierno y 64 de los atacantes (Montaner 1976: 25).

Castro fue condenado a 15 años de prisión, mas gracias a una amnistía del gobierno de Batista firmada el 13 de mayo de 1955 salió libre partiendo para México el 7 de julio del mismo año (Portell Vilá 1986: 653).

En México organizó una expedición la cual salió de Tuxpan, México hacia Cuba el 25 de noviembre de 1956. La expedición estaba compuesta por 82 expedicionarios a más de Fidel Castro. El 2 de diciembre la fuerza expedicionaria desembarcó en Playa Las Coloradas, al sur de Niqueros, en la provincia de Oriente (Morán Arce 1980: 1-5).

Era el ideal captado por el pueblo de que la lucha en contra del régimen de Batista era para restaurar la democracia. Todos los grupos anteriores promulgaban esta restauración como la causa y fin de su lucha en contra del gobierno. Ante el marco de represión, el cual alcanzó su punto álgido en el período 1957-58, la mayor parte de la ciudadanía se hizo eco de la anterior ideología.

Al triunfo de la revolución, el primero de enero de 1959, el movimiento 26 de julio encabezado por Castro Ruz a través de maniobras políticas de intimidación y fuerza quedó como el sólo depositario del poder gubernamental.

Castro-Ruz en su lucha en contra de Batista y al principio de la revolución cubana reafirmó el deseo expresado por gran parte de la ciudadanía, que como ha sido dicho anteriormente, era el de la vuelta a la democracia. Pero muchos cubanos sintieron que la realidad de las acciones del gobierno revolucionario no coincidía con las expectaciones de ellos.

Ya haya sido por unas razones u otras, el estudio y discusión de las cuales son ajenas a la naturaleza de este trabajo, gran parte de la población decidió tomar el camino del exilio. A grandes rasgos el orden de las emigraciones fue el siguiente.

Durante el año de 1959 emigraron en su mayor parte aquellas personas que estaban identificadas de una manera destacada con el régimen de Batista. A partir del año sesenta emigraron primero las personas de la clase alta, seguidas por la clase media ésta en sus tres subdivisiones; alta, media y baja. Para los efectos de este estudio aunque durante estos cuarenta años se han producido éxodos masivos de cubanos, la década que tiene relevancia es la que comprende los años de 1960 a 1970, década en la cual emigraron las personas que fueron los abuelos y los padres de las familias aquí estudiadas.

Creemos que fue necesario exponer el marco histórico para comprender mejor el desarrollo histórico y político de la República de Cuba y las razones que llevaron a emigrar a las familias bajo estudio cuyos antecesores, con excepción de los de Laureano García Gutiérrez, habían estado en Cuba por varias generaciones sin haber contemplado jamás la necesidad de emigrar.

Lo siguiente dará una idea más clara del gran número de cubanos que llegaron a los Estados Unidos durante estos cuarenta años, teniendo la inmensa mayoría de ellos como puerto de entrada la ciudad de Miami;

- 153.534 cubanos fueron inscritos en el Centro para Refugiados Cubanos en Miami, durante el período comprendido entre febrero de 1961 a octubre de 1962

- 5.083 cubanos llegaron por el éxodo marítimo del puerto de Camarioca en 1965

- 260.562 cubanos llegaron a través de los "Vuelos de la Libertad" diciembre de 1965 a agosto de 1971

- 124.562 cubanos llegaron a la Florida mediante la emigración masiva que tuvo lugar a través del puerto del Mariel, Provincia de Pinar del Río, en 1980

Se estima que más de 800.000 cubanos han venido a los EEUU desde que Castro tomó el poder en 1959 (Larzerele: 1988).

El censo del año 2000 da como el número de personas que forman la población cubana en el Condado de Dade, el número de 650,601 y la de Filadelfia de 2,730 (U.S. Census Bureau).

Capítulo III

La familia en Cuba

En este capítulo se describirán a las familias y a sus diferentes miembros. Se estudiará el marco económico social en que la generación de los abuelos y la primera generación (la de los padres) desarrollaron sus vidas en Cuba. El mejor entendimiento de estos factores nos ayudará a comprender desde un punto de vista etnográfico, la influencia en el lenguaje y las actitudes hacia el mismo, que la segunda generación recibió de las generaciones anteriores.

3.1. Los Abuelos

Isabel Hernández Valdez

La cual vive actualmente en Miami, Florida. Nació el 19 de noviembre de 1900, en la ciudad de Marianao; sus abuelos maternos habían emigrado de las Islas Canarias, España, siendo sus abuelos paternos naturales de la ciudad de Marianao.

Marianao ciudad aledaña a la ciudad de La Habana y estando separada de ésta por solo un angosto río, el Almendares, contaba con 12,803 habitantes en el año de 1899, un año antes del nacimiento de Isabel siendo su extensión de 160 kilómetros cuadrados. Marianao en 1953 contaba con 787,765, habitantes. Marianao formaba y forma parte del área económica metropolitana habanera (Enciclopedia de Cuba. Tomo 7:460).

Isabel fue la segunda hija de siete hermanos, seis hijas y un hijo. La familia era una familia de recursos económicos limitados; se podría decir que pertenecían, si no a la clase menesterosa, sí a una clase económica de recursos económicos limitados. Su padre, Lucas Hernández Amaro, era talabartero de profesión y su madre, Ángela Valdez Martínez, se dedicaba a los quehaceres de la casa y al cuidado de los hijos.

La niñez de Isabel transcurre durante la primera década del siglo veinte y en sus propias palabras dichas éstas a su nieta Elvira Isabel Legido-Zuazo, Isabel le expresó:

> De mi niñez, te diré éramos muy pobres, mi padre era talabartero, él tenía su talabartería, y se vivía bastante bien, pero él era muy flojo de carácter y la gente le cogía, y no le pagaban hasta que se perdió la talabartería ... fuimos creciendo y al Colegio Municipal, mamá se consiguió una beca con una monjita que era amiga de ella para mi hermana la mayor que era muy inteligente, pero ella se veía cohibida porque eran todas niñas de dinero, y no era el nivel de ella, así que se fue del colegio.

Isabel, sólo pudo terminar la educación primaria y siendo la hermana mayor, ya que la hermana que la antecedía murió en la juventud, ayudaba a su madre en la crianza y el cuidado de los hermanos menores. A la edad de 14 años empezó a trabajar en la Compañía Cubana de teléfonos, como telefonista, trabajo que desempeñó hasta su casamiento.

José Zuazo Díaz

Nació el 20 de junio de 1904 en la ciudad de La Habana en el barrio del Cerro, barrio en el cual pasó su juventud.

La Habana con una extensión territorial de 113 kilómetros cuadrados, por la fecha del nacimiento de José contaba con 302,526 habitantes según estimados del año 1907 y contaba con una población de 787.765 en 1953 (Enciclopedia de Cuba 1974: Tomo, 7 p. 336). José tuvo un hermano y una hermana, siendo él el segundo hijo. Sus padres, José Zuazo Delgado, y Rosario Díaz Acosta, eran ambos habaneros.

De acuerdo con la documentación encontrada en "Historia de Familias Cubanas", la presencia de la familia Zuazo en Cuba se remonta a los principios del siglo XIX, "a fines del siglo XVI aparece radicada esta familia en Salvatierra, provincia de Alaba, de donde pasaron a principios del siguiente a Galicia, estableciéndose en La Habana a principios del siglo XIX." (Tomo VI: 382-87).

La familia de José era de una clase social un poco más elevada que la de Isabel, ya que el abuelo de José era el Marqués de Almeida, pero parece que debido a la situación económica del país, los medios económicos de esta familia habían disminuido. Ejemplo de esto es que el padre de éste, José Zuazo Delgado, era agente del cuerpo de la Policía Nacional Cubana, posición la cual nunca ha sido bien remunerada en Cuba. Su madre se dedicó como Ángela, la abuela materna, al mantenimiento del hogar y a la crianza y educación de los hijos.

José al igual que Isabel sólo alcanzó a terminar la enseñanza primaria. En su vida laboral José trabajó como Inspector de Impuestos en el Ministerio de Hacienda. Sus labores consistían en hacer las inspecciones de los libros en los ingenios azucareros para comprobar el pago correcto de los impuestos al estado. Después del casamiento con José, Isabel cesó en sus labores en la Compañía de Teléfonos para dedicarse a las labores del hogar. José e Isabel se casaron el 22 de febrero de 1934, en la iglesia de La Caridad en la Ciudad de La Habana. De este matrimonio nacieron Olga y José Zuazo y Hernández.

La familia vivió primeramente en la ciudad de La Habana mudándose posteriormente a la ciudad de Marianao, ciudad en la cual vivieron hasta su salida en diferentes fechas de Cuba.

Andrea Sánchez Sanabria

Nació el 10 de noviembre de 1908 en el pueblo de Carlos Rojas, Matanzas, provincia situada al este de la provincia de La Habana. Carlos Rojas tiene una extensión territorial de 320 kilómetros cuadrados, y tenía una población en 1899 de 3,174 habitantes, y de 10.531 habitantes en 1953 (Enciclopedia de Cuba, T.7, 601). Andrea vivió en el antedicho pueblo hasta la edad de 7 años, edad en que se mudó para la ciudad de Cárdenas (320 kilómetros cuadrados, 28.576 habitantes en 1907, y 52.520 habitantes en 1953) (Enciclopedia de Cuba, T. 7, 576) situada en la misma provincia.

Laureano García Gutiérrez

Laureano García Gutiérrez, nació en Cajigueras el 15 de enero de 1888. Cajigueras es una pequeña aldea en la provincia de Santander, España. Esta región se conoce como la "montaña" y forma parte de lo que también se conoce como la "Cornisa Cantábrica".

Aunque carecemos de datos sobre su educación suponemos que ésta fue muy rudimentaria ya que la aldea en la cual nació Laureano en 1986 fecha en que la visitaron José Zuazo Hernández y su esposa Elvira sólo constaba con alrededor de 10 casas. Laureano emigró a Cuba a los catorce años de edad, yendo a trabajar con un tío en una peletería propiedad de éste. Según palabras de su hijo, Laureano García Sánchez:

> Él empezó barriendo los pisos de la peletería, pero siempre se fijaba de cómo el tenedor de libros hacia los asientos de los ingresos y egresos. En una ocasión en que el tenedor de libros tuvo que ausentarse por un largo tiempo a causa de enfermedad, el tío le preguntó a Laureano si él se creía capaz de llevar los libros; Laureano asintió, y desde ese momento fue el tenedor de la peletería. Más tarde pasó a ser socio, y por último a la muerte del tío quedó como propietario de la peletería.

Andrea y Laureano se casaron en Cárdenas, Matanzas el 26 de enero de 1926 naciendo de esta unión Laureano y Elvira García Sánchez.

La familia vivió en Cárdenas hasta 1947, fecha en que se trasladó a la ciudad de La Habana ciudad en la cual permaneció hasta la salida sucesiva de sus miembros de Cuba.

3.2. Los Padres

Elvira García Sánchez

Nació el 5 de octubre de 1940 en la ciudad de Cárdenas, Matanzas. A la edad de siete años se trasladó con su familia a la ciudad de La Habana, ciudad donde vivió hasta su salida de Cuba hacia Colombia el 31 de octubre de 1961.

José Zuazo Hernández

Nació el 4 de enero de 1940 en la ciudad de La Habana donde vivió hasta el 3 de agosto de 1961, fecha en la cual salió de Cuba hacia Colombia.

Elvira y José se casaron en Santa Fé de Bogotá, Colombia, el 18 de noviembre de 1961, emigrando ambos a los Estados

Unidos de América el 3 de marzo de 1962, siendo su puerto de entrada la ciudad de Miami, Florida. En esta ciudad residieron por siete meses, al cabo de los cuales se trasladaron a Filadelfia, Pensilvania, ciudad en la cual han residido hasta la fecha.

Olga Zuazo Hernández

Nació en la ciudad de La Habana el 13 de enero de 1935, ciudad en la cual residió hasta el 24 de enero de 1962, fecha en la cual emigró a Miami.

Óscar Longa Monteagudo

Óscar Longa Monteagudo nació en Santa Clara, Las Villas el 4 de abril de 1937. Óscar pasó a vivir a la ciudad de La Habana el 22 de octubre de 1960. Por su resistencia activa en contra del gobierno de Fidel Castro Ruz, se vio obligado a asilarse en la embajada del Brasil en la ciudad de La Habana, el 4 de mayo de 1961, saliendo de Cuba vía México, el 12 de septiembre de 1961, llegando a la ciudad de Miami el 16 de septiembre de 1961. Olga y Óscar se casaron en la ciudad de Miami el 10 de febrero de 1962.

Los padres de Óscar Longa Monteagudo, esposo de Olga Zuazo Hernández, María Monteagudo y Óscar Longa eran naturales de la región de Santa Clara, Provincia de las Villas ambos permanecieron en Cuba.

Laureano García Sánchez e Idina Rodríguez Rivas

Laureano García Sánchez nació el 26 de diciembre de 1929, en Cárdenas, Matanzas. Idina Rodríguez Rivas nació el 3 de abril de 1930 en Las Martinas, Pinar del Río.

Laureano e Idina se casaron en Marianao el 2 de octubre de 1955. De esta unión nacieron dos hijos, Laureano (23-4-1970) y Beatriz García Rodríguez (2-9-1971).

El matrimonio y su hijo Laureano salieron de Cuba vía México el 20 de julio de 1970, arribando a Miami el 11 de noviembre de 1970 y a Filadelfia el 18 de febrero de 1971.

3.3. Marco Histórico de los Abuelos y los Padres

La educación que recibieron los abuelos cubanos Andrea, Isabel y José padre fue la elemental. Esto se debió principalmente a dos factores, primero la situación económica y educativa del país bajo las cuales transcurrieron la niñez y la juventud de ellos. Recordemos que los tres nacieron durante la década del 1900.

En 1900 Cuba había acabado de salir de la guerra de independencia (1895-1898). Esta guerra terminó con la intervención en la misma de los Estados Unidos. El 20 de abril de 1898 los Estados Unidos le demandaron a España su retiro inmediato de la isla, la guerra siguió inmediatamente. Por el Tratado de París firmado el 10 de diciembre de 1898, España cedió todos sus derechos sobre la isla de Cuba. La autoridad de España sobre Cuba cesó el primero de enero de 1899, a esto siguió la intervención estadounidense, la cual duró desde la fecha anterior hasta el 20 de mayo de 1902, día en que se instauró la República de Cuba.

Como se ha dicho anteriormente la influencia directa de los Estados Unidos en los asuntos cubanos duró hasta el año 1934, año en que se derogó la Enmienda Platt.

Para tener una mejor idea de la situación económica que existía en la isla de Cuba cuando les tocó crecer a las personas citadas se puede ver lo siguiente:

> Las recaudaciones del gobierno colonial habían descendido a casi cuarenta y cuatro millones de pesos cuando se restableció la paz. Había habido 2,585,309, cabezas de ganado en 1882, y sólo quedaban 376,650 en 1899, una pérdida de más del 80% ... pero lo peor, sin embargo fue lo que ocurrió en la industria azucarera, base de la economía cubana. La zafra de 1894 alcanzó a 1,054,214 toneladas y en 1897 con dificultades sobrepasó doscientas mil toneladas, porque los cañaverales, las fábricas y el transporte habían sido destruidos por la guerra (Portell-Vila, 1986: 36).

Otro factor que nos indica el estado de la economía cubana en la época descrita, es que el presupuesto de la República de Cuba era de 17.514.000,00 pesos en 1902 mientras que en 1958 era de 382.000.000,00, pesos.

En 1902 había una población total de 1,572,797 en la isla de Cuba, con una población de edad escolar de 338,306; de esta población escolar sólo habían matriculados 172,000 alumnos mientras que en 1958 había un total de 1.473.212 alumnos, con una población en la isla de 6.630.921 (Enciclopedia de Cuba, T. 6, 536-537).

En cuanto a la enseñanza secundaria los Institutos de Segunda enseñanza subvencionados por el Estado Cubano eran seis en 1902, ya en 1958 se habían incrementado a 21, con un total de 35.746 alumnos en institutos públicos y 14.800 en institutos privados (Enciclopedia de Cuba, T.6, 541-554).

Al contrastar estas cifras podemos ver la diferencia de la situación económica, y de las oportunidades educacionales en las generaciones de los abuelos y de los padres y la razón por la cual los primeros sólo obtuvieron una educación primaria mientras los segundos pudieron alcanzar una educación superior. Ejemplo de esto es que, de la generación de los padres Laureano García Sánchez se graduó de médico en la Universidad de La Habana; Elvira García Sánchez recibió su título de maestra de la Escuela Normal de Jardines de la Infancia, Olga Zuazo Hernández se graduó de contador público en la Universidad Católica de Santo Tomás de Villanueva en Marianao, y José Zuazo Hernández terminó el primer año de Derecho en la Universidad de La Habana, siendo interrumpida su educación por su salida del país. Idina, esposa de Laureano García Sánchez y Óscar esposo de Olga Zuazo Hernández, terminaron sus estudios de escuela superior.

De acuerdo con el Annuaire International d'Education de la UNESCO de 1958, la educación en Cuba se había ido desarrollando desde la instauración de la República, años en los cuales contaba con un analfabetismo del 64 por ciento bajando a un 23,6 por ciento en 1958, ocupando con ese motivo el cuarto lugar entre todos los países de la América Latina (Enciclopedia de Cuba, T. 6, p.555).

La anterior cronología, de los miembros de la familia de los informantes, nos expone que todos los abuelos y padres de los informantes, con la excepción de Laureano que nació en España, nacieron en las tres provincias occidentales; Pinar del Río, La Habana y Matanzas, provincias que comparten un dialecto común, y también que la generación de los abuelos por razones históricas y económicas sólo tuvieron acceso a una educación primaria mientras que la primera generación llegó a obtener una educación superior.

Lo anterior también nos muestra en un microcosmo la trayectoria seguida por gran número de familias cubanas durante la década de los sesenta. La salida por terceros países o directa a Miami fue también un rasgo común de la emigración cubana de esta década. El entorno político que llevó a la emigración de estas familias será tratado en el siguiente capítulo.

Capítulo IV

Salida de Cuba y arribo a los Estados Unidos

Este capítulo describirá la vida de tres familias antes de su salida de Cuba. También describirá las razones ideológicas y sociales que llevaron a abandonar la isla a sus miembros, los antecesores de los cuales habían estado en la isla por varias generaciones.

4.1. La Familia Zuazo-García

José J. Zuazo Hernández, el cual era estudiante de Derecho en la Universidad de La Habana por la noche y trabajador bancario durante el día, salió de Cuba el 3 de agosto de 1961 a la edad de 21 años. José, pertenecía a una familia de clase media siendo su padre Inspector de Hacienda y su madre ama de casa.

José, como muchos jóvenes estudiantes simpatizaba con los fines expuestos por la Revolución en su lucha en contra del gobierno de Fulgencio Batista. El sólo ser joven y estudiante durante la época de Batista (1952-58) era motivo para que se sospechara, por parte del gobierno, que la persona simpatizaba o cooperaba con el esfuerzo revolucionario. Esta situación se hizo más crítica durante el año de 1958, año en que aumentó la represión policíaca al intensificarse la lucha revolucionaria.

Cuando en la madrugada del primero de enero de 1959, el pueblo despertó con la noticia de que el gobierno de Batista había sido derrocado, una sensación de júbilo invadió los sentimientos de la mayoría del pueblo cubano. José apoyó la revolución al principio. Mas poco a poco se fue desilusionando con ella, al percatarse de que el gobierno revolucionario iba adoptando medidas que no coincidían con las declaraciones de principio hechas por algunos de los líderes revolucionarios, tales como la restauración de la democracia y de la Constitución de 1940 (Montaner 1976: 22-24), principios que habían sido la principal causa que llevó a muchos cubanos a luchar en contra del gobierno de Batista.

José fue encarcelado dos veces, una vez por espacio de 10 horas, por haberse negado a que se pusiera en el banco donde trabajaba una copia de la Declaración de La Habana, documento que resumía un discurso pronunciado por Fidel Castro el 3 de septiembre de 1960, donde se hacía una declaración de acercamiento a las doctrinas comunistas.

En otra ocasión José fue encarcelado cuando se produjo la invasión de Bahía de Cochinos. El sábado 15 de abril de 1961, ocho aviones B-26 de la fuerza expedicionaria bombardearon diferentes aeropuertos militares del gobierno castrista. Estos ataques pusieron en estado de alerta al gobierno sobre una futura invasión, la cual se produjo en horas de la madrugada del 17 de abril de 1961, por las playas de Playa Larga y Girón, las cuales forman parte de la Ciénaga de Zapata, Matanzas.

Entre las dos fechas descritas en el párrafo anterior, un estimado de 100,000 cubanos fueron puestos en prisión, la razón que tuvo el gobierno al hacer esto era que se consideraba que estas personas pudieran ser un peligro potencial para el gobierno, ya que podían colaborar de una manera u otra con los invasores (Thomas 1977: 1361-65).

Con el peligro de la invasión ya pasado para el 27 de abril de 1961, se liberaron a muchos de los presos que como medida preventiva el gobierno de Castro había encarcelado. José fue uno de estos presos logrando su libertad el mismo 27.

Ante la falta de esperanzas para una sociedad libre, y ante el hecho de que había estado dos veces preso, y que por lo tanto su persona ya había sido identificada con las de los no adeptos al gobierno revolucionario, y temiendo que en un futuro lo volvieran a poner en prisión a causa de sus ideas, a más de que el banco donde trabajaba y la universidad donde estudiaba habían sido intervenidos por el gobierno, José llegó a la determinación de abandonar el país, lo cual hizo el 3 de agosto de 1961.

José salió hacia Colombia, decidió salir a este país porque era la salida más rápida para él ya que tenía un amigo que era vice-cónsul de la Embajada de Colombia en La Habana consiguiéndole este amigo el visado para aquel país. Tras breve estancia en Cartagena de Indias pasó a Bogotá, ciudad donde vivió por espacio de 3 meses junto con otro grupo de jóvenes cubanos en un convento franciscano; el 4 de noviembre del mismo año su novia de Cuba, Elvira García Sánchez, se reunió con él en Bogotá.

Elvira ejercía el oficio de maestra de Kindergarten en La Habana y ella, como José, pertenecía a la clase media siendo su padre propietario de una gasolinera, y su madre ama de casa. Elvira era delegada nacional de Pequeñas Aspirantes de la Acción Católica Cubana. La confiscación de las escuelas católicas y la expulsión forzada de Cuba de más de 500 sacerdotes y religiosas en el mes de septiembre de 1961 (Portell-Vila 1986: 774) llevaron a Elvira a la determinación de abandonar el país, y de reunirse con José en Colombia. Elvira partió de Cuba el 31 de octubre de 1961, y llegó a Cartagena de Indias el 3 de noviembre del mismo año.

Elvira y José se casaron el 18 de noviembre de 1961 y vivieron en Colombia hasta el 3 de marzo de 1962, fecha en la cual salieron hacia los Estados Unidos.

4.2. VIDA EN LOS ESTADOS UNIDOS

Elvira y José arribaron a Miami, Florida el 3 de marzo de 1962. A su arribo a Miami se encontraron con el hecho de que diariamente el número de cubanos en la ciudad se veía aumentado por el continuo arribo de exiliados. Este factor anterior más la falta de un trabajo adecuado en Miami fueron el motivo por el que José trabajó de Bell-boy, de techador y por último de heladero ambulante. Ante la falta de fuentes para un trabajo adecuado para la manutención de la familia, Elvira y José decidieron dejar la ciudad de Miami y trasladarse a un lugar de los Estados Unidos que ofreciera mejores oportunidades económicas que Miami siendo este lugar Filadelfia, ciudad a la cual partieron el 9 de septiembre de 1962.

Las razones que tuvo el matrimonio en escoger Filadelfia fueron que en la misma vivían dos primos de Elvira, y que era una ciudad que ofrecía mejores oportunidades de trabajo que Miami.

Inicialmente en Filadelfia José trabajaba durante el día como Key-Punch operator mientras estudiaba por las noches; finalmente en el año de 1967 obtuvo una Licenciatura en Ciencias Políticas de la Universidad de Saint Joseph en Filadelfia, empezando así a desarrollar su vida profesional.

Elvira se hizo cargo de las labores del hogar y del cuidado de los niños hasta la llegada de sus padres de Cuba en el año de 1970. En este año pudo continuar sus estudios por la noche mientras trabajaba como maestra durante el día. Elvira obtuvo su Licenciatura en 1972 y su Master en Educación, en 1974, de Temple University, Filadelfia.

Los padres de Elvira salieron de Cuba vía México el 7 de octubre de 1969; después de una breve permanencia en Ciudad de México salieron hacia Miami el 22 de diciembre de 1969.

4.3. FAMILIA LONGA-ZUAZO

Olga Zuazo Hernández era graduada de Ciencias Comerciales de la Universidad Católica Santo Tomás de Villanueva, Marianao, provincia de La Habana. Al terminar sus estudios en 1960, pasó a trabajar en una escuela privada en el Vedado, Habana, como contador del plantel.

Sus ideas políticas, como las de la mayor parte de los jóvenes, coincidían en gran parte con la revolución, pero como muchas otras personas ella se desencantó con la revolución y decidió tomar el camino del exilio. En contraste con otras familias en que había división de opiniones en cuanto a Castro y a su revolución, en la familia de Olga y José no había diferencias de opiniones.

Olga salió directamente de Cuba hacia Miami el 24 de enero de 1962, siendo ella el único miembro de la primera generación que lo hizo así, ya que los otros miembros de esta generación salieron de Cuba vía terceros países; esto fue posible debido a que una tía le envió el visado Waiver, visado especial que los Estados Unidos les concedía a los cubanos en aquellos años pero que años después descontinuaron. Olga vivió en Miami en casa de su tía hasta su casamiento con Óscar Longa el 10 de febrero de 1962.

Óscar Longa Monteagudo, como se ha dicho en otro capítulo nació el 4 de abril de 1937 en la ciudad de Santa Clara, Provincia de Las Villas, cursando en esta ciudad la enseñanza primaria y secundaria.

Óscar apoyó la revolución al principio, mas después participó activamente en contra de ella. Óscar era buscado por las autoridades revolucionarias por sus actividades subversivas en Santa Clara; así fue como, por mediación del médico de la familia Zuazo, fue a buscar refugio en la casa de ésta en Marianao, conociendo de esta manera a Olga.

Óscar era miembro del movimiento 30 de noviembre encabezado el mismo por David Salvador, el cual había sido Secretario de la Confederación de Trabajadores Cubanos bajo el régimen castrista, pero que después se desencantó con la revolución y fundó el movimiento contra-revolucionario antes dicho. En el año de 1962, Salvador recibió una condena de 30 años de presidio por sus actividades en contra del gobierno.

Después del fracaso de la invasión de Bahía de Cochinos, y la caída en prisión de José Zuazo Hernández, estando por esto marcada la residencia de los Zuazo ante los ojos del gobierno, Óscar se vio obligado a abandonar la casa y buscar refugio en la embajada de Brasil en el Vedado, Habana. Óscar permaneció en la embajada desde el 4 de mayo de 1961 hasta el 12 de septiembre del mismo año, arribando a Miami el 16 de septiembre del mismo año. En Miami se reunió con Olga y se casaron el 10 de febrero de 1962; ambos vivieron en Miami hasta el 10 de junio del mismo año, fecha en la cual salieron a Newark, New Jersey, ciudad en la cual permanecieron hasta el 12 de julio de 1963. Meses más tarde, el 4 de mayo de 1964, se mudaron para Filadelfia, Pensilvania, ciudad en la cual residieron hasta el 15 de agosto de 1969, fecha en la cual se mudaron para la ciudad de Miami, ciudad que ha sido su residencia hasta el presente.

Mientras estuvieron en New Jersey y Filadelfia, Olga con sus conocimientos de contabilidad trabajó en las oficinas de varias compañías; Óscar trabajó en un supermercado descargando las mercancías que llegaban al mismo y después en Filadelfia en una fábrica de acumuladores. Ya una vez en Miami Olga trabajó en una compañía de seguros y Óscar trabajó en el departamento de mantenimiento de un hotel mientras por las noches estudiaba refrigeración y aire acondicionado, estableciendo al cabo del tiempo su propio negocio.

Los padres de Olga llegaron a Filadelfia vía Miami el 24 de mayo de 1968, pasando a residir con la familia Longa-Zuazo.

4.4. Laureano García Sánchez e Idina Rodríguez Rivas

Se casaron en Marianao, La Habana el 2 de octubre de 1955. Laureano ejerció la profesión de médico en Baracoa, Holguín y Mayarí, desde su graduación hasta su salida de Cuba. Al notificar al gobierno revolucionario su decisión de salir de Cuba en 1968, Laureano fue castigado. Este castigo consistía en que cuando una persona le notificaba al gobierno su deseo de salir de Cuba, el gobierno como castigo mandaba a la persona a desempeñar trabajos en la agricultura hasta que le llegara la notificación para su salida del país.

En el caso de Laureano como era médico, no lo destinaron a la agricultura sino a ejercer funciones de médico en Mayarí, poblado que se encuentra a unas 80 millas de Holguín, provincia de Oriente, ciudad en la cual tenía su residencia Laureano. El día que presentó la petición para salir del país, un camión del gobierno vino a su casa y le confiscaron todas las pertenencias de su consulta de médico.

Por la ausencia de carreteras adecuadas Laureano se iba los domingos por la noche de su residencia en Holguín y regresaba a la misma los viernes por la noche. La duración de esta etapa de castigo fueron dos años (1968-70), hasta que finalmente le llegó la notificación de su salida de Cuba y salió de la isla el 20 de julio de 1970, vivió en la Ciudad de México hasta el 11 de noviembre del mismo año fecha en la cual salió a la ciudad de Miami, arribando a Filadelfia el 18 de febrero de 1971.

Idina terminó sus estudios secundarios en Marianao, Provincia de La Habana, y en su vida matrimonial se ha dedicado a las labores de ama de casa.

Como ha sido dicho anteriormente el desarrollo de las vidas de estas familias refleja las experiencias tenidas por miles de familias e individuos cubanos durante la década de los sesenta. Este desarrollo se caracterizó por salida por terceros países, estancia en Miami, y en muchos casos por un último asentamiento en otra parte de los Estados Unidos donde ya estaban establecidos familiares o amigos, o ambos, seguido lo anterior por un período de trabajo y estudio, para poder alcanzar una mejor situación económica, y el nombramiento de los hijos con nombres españoles, y el uso del español como idioma de comunicación entre los abuelos, padres e hijos.

Capítulo V

La segunda generación

En este capítulo y el siguiente se expondrá la trayectoria que siguieron las familias en los Estados Unidos, la educación de los miembros de la segunda generación (2G) y su adquisición y mantenimiento del español, ejemplos de conversaciones de los informantes, así como apreciaciones personales de los informantes por parte de la 2G de Dade County sobre el habla de cubanos americanos de 2G que se han criado en otras partes de los Estados Unidos.

5.1. La Familia de Dade County, Florida

Abuelos	**Padres**	**Hijos**
Isabel Hernández Valdés	Óscar Longa Monteagudo	Óscar
José Zuazo Díaz	Olga Zuazo Hernández	Waldo
		Olga Marie

Como ha sido dicho anteriormente el matrimonio Longa-Zuazo, salió de Miami hacia Newark, NJ, en el año de 1962; después de una corta estancia en Elizabeth, NJ, se trasladaron a Filadelfia, ciudad en la cual permanecieron hasta agosto de 1969, fecha en la cual se mudaron de nuevo para Miami.

Las edades de sus hijos cuando se produjo el traslado de Filadelfia a Miami eran respectivamente, Óscar 6 años, Waldo 3 años y Olga Marie 2 años.

Los abuelos salieron de Cuba el 21 de mayo de 1968, residieron 3 días en Miami, llegando a Filadelfia el 24 del mismo mes, pasando inmediatamente a residir con la familia Longa-Zuazo.

Los informantes de la segunda generación (Óscar, Waldo y Olga Marie) vivieron con los dos abuelos desde el año de 1968 hasta la muerte de José en 1974; seguían viviendo con Isabel hasta la salida de éstos del hogar materno, Oscarito hasta 1982 y Waldo hasta 1984, fechas en que salieron a estudiar a la Universidad de la Florida en Gainsville, y Olga Marie hasta 1989 fecha en la cual se casó.

5.1.1. Educación

La educación de Óscar, Waldo y Olga Marie, tuvo efecto en el condado de Dade, ciudad de Westchester, parte del área metropolitana de Miami. De estos informantes, Olga Marie y Waldo participaron de un programa especial para los cubanos, donde recibían una hora diaria en español desde el primer grado hasta el noveno grado. Óscar por el contrario solo tuvo español los cuatro años de escuela secundaria; según nos informó en la entrevista con él, el español cuando él empezó en la escuela no era obligatorio. Ninguno de los informantes de Miami estudió español en la universidad.

El programa especial del cual participaron Olga Marie y Waldo, es citado en el libro de Romaine (1995: 248) la cual citando a Hakuta dice que se han localizado las raíces del movimiento de la educación bilingüe en los Estados Unidos, y que éstas se encuentran en un programa de educación experimental bilingüe lanzado en Dade County, Florida en 1963.

5.1.2. Predisposición al español

Mediante las entrevistas individuales pudimos percatarnos de la predisposición que los informantes tenían hacia el español en su juventud y la predisposición que tienen hacia ese idioma en el momento actual.

En la entrevista con Olga Marie, informante de Miami, ésta nos informó que durante su juventud nunca se sintió discriminada por ser de origen cubano, que la mayoría de sus amigas en la escuela y en el vecindario eran cubanas y que, "aún algunas de las gringas hablaban en español". El escritor pudo comprobar esto ya que Jennifer, esposa de Óscar Longa, hijo, y la cual es estadounidense, de familia netamente estadounidense y criada en Miami, habla español, si es verdad que lo hace solamente utilizando el presente del indicativo y con errores gramaticales, ya que nunca lo estudió en la escuela. Pero lo habla sin acento inglés y puede mantener una conversación fluidamente en español; cada vez que el escritor va a Miami, dos veces por año, y cada vez que conversa con Jennifer por teléfono lo hace en español.

Lo interesante es que Jennifer, aprendió el español que sabe debido a que tenía en su juventud amistades cubanas, y cuando iba a casa de éstas, los padres y los abuelos de las mismas le hablaban en español. Jennifer no sabe ni leer ni escribir en español, pero impresiona el sólo hecho de que se puede comunicar en oraciones completas con fluidez, y que una persona nativa hispana la cual la oiga no puede determinar si Jennifer es americana o no porque habla con el acento de los muchachos cubanos criados en Miami. Traigo este ejemplo para apoyar el punto de cuan grande es la influencia del español sobre los informantes criados en Miami, ya que ellos reciben no sólo la influencia de la familia sino también la influencia de los padres y los abuelos de sus amigos, mientras que los informantes de Filadelfia sólo han recibido la influencia de su familia.

5.1.3. Entrevistas individuales

A continuación vamos a citar de las entrevistas individuales obtenidas de los informantes de Miami.

Olga Marie:

José: Y, ¿con quién hablabas español en tu juventud?
O.M.: Bueno, yo hablaba español en la casa con la familia, y en las casas de mis amigas con sus familias.
José: ¿Cuántas familias más o menos conocías?
O.M.: ¿Bien cerca?
José: Bueno, en total.
O.M.: Cerca, cerca, cuatro pero tenía muchas amigas y todas hablaban español
José: Y, ¿no había ninguna gringa?
O.M.: Sí de vez en cuando, pero las gringas todas hablaban español.
José: ¿Cuándo eras joven te sentiste discriminada por ser cubana?
O.M.: No, nunca porque yo era mayoría; los gringos eran *minority.*
José: Dime, tú que has tenido experiencia con cubanos que no son de Miami, los has oído hablar español. ¿Notas alguna diferencia en el español, con el español como lo hablan los muchachos de Miami?
O.M.: Sí, lo hablan como gringos.
José: Pero cuando tú dices que hablan como gringos, ¿a qué te refieres al vocabulario o a la pronunciación?
O.M.: A la pronunciación.
José: ¿Hablas tú español con tus primos? ¿Con tus hermanos?
O.M.: Solamente cuando nos estamos insultando.
José: Pero en realidad, no mantienen una conversación en español.
O.M.: Muy raro, únicamente cuando están los padres.

Lo anterior ha sido observado, así como grabado por el autor. Cuando los informantes de Miami y de Filadelfia no están hablando en grupo con miembros de la primera generación (1G) o sea, sus padres hablan entre ellos en inglés sin instancias de cambio de código; éste principalmente tiene lugar cuando ellos hablan con o en la presencia de miembros de la primera generación.

Se puede aseverar, por las grabaciones obtenidas y por las observaciones personales, de que hay una clara separación de ambos idiomas y como será expuesto en el capítulo de Cambio de Código, cuando éste se utiliza es sólo con miembros de la primera generación o cuando hay miembros de la primera generación presentes.

Entrevista con Waldo:

José: En la escuela, ¿Cuántos años estudiaste español?

Waldo: En la primaria desde tercer grado hasta el décimo. Los hispanos que hablaban español en casa eran una clase diferente. Era, *you know*, más adelantados, los americanitos eran en otra clase.

José: ¿Con quién practicabas el español?

Waldo: En la casa con la familia y con los amigos de la familia y con las familias de mis amigos cubanos.

José: ¿Sentiste discriminación alguna vez por ser cubano?

Waldo: Durante los años de educación nunca.

José: ¿Crees tú que los hijos de cubanos nacidos en Miami hablan mejor el español que los cubanos nacidos en otras partes de los Estados Unidos?

Waldo: El español de los hijos de cubanos nacidos en Miami hablan mejor. Yo tengo amigos (cubanos) en mi trabajo que son de otras partes (de los EEUU) y el español de ellos es más malo.

Con otro informante de Miami, Óscar hijo:

José: ¿Cuántos años estudiaste español?
Óscar: Tres años.
José: ¿No lo tuviste como Waldo de primer grado hasta doce?
Óscar: No, yo lo tuve en High School.
José: ¡Ah! ¿entonces en la primaria no?
Óscar: No, no estaba el *mandatory* español para la gente. Todos los muchachos en la clase eran cubanos. La clase era completamente en español. Todos sabían español.
José: ¿Cuándo eras joven? ¿Con quién hablabas español?
Óscar: Cuando era joven sólo con la familia. Con los amigos era todo en inglés. [Pero] Hablaba español cuando iba a casa de los padres, porque la mayor parte de los amigos eran cubanos.
José: Y, hoy en día, ¿Con quién practicas el español?
Óscar: Con mis padres.
José: ¿Cuándo eras joven? ¿Sufriste alguna discriminación por ser cubano?
Óscar: No.
José: En los hijos de cubanos nacidos fuera de Miami, ¿notas alguna diferencia como hablan el español?
Óscar: Sí, el acento es completamente diferente, es como el de los gringos dicen el mismo disparate. *Doesn't sound normal.*

5.2. LA FAMILIA DE FILADELFIA

Abuelos Maternos	**Padres**	**Hijos**
Andrea Sánchez Sanabria	Elvira García Sánchez	Antonio
Laureano García Gutiérrez	José Zuazo Hernández	Elvirita
		Javier

5.2.1. Los primeros años

El matrimonio Zuazo-García arribó a la ciudad de Miami el 3 de marzo de 1962, y a la ciudad de Filadelfia el 9 de septiembre de 1962.

Antonio, nació el 24 de agosto de 1962 en la ciudad de Miami mudándose con sus padres a Filadelfia el 9 de septiembre del mismo año. Elvirita y Javier nacieron en Filadelfia, el 22 de marzo de 1965 y el 20 de enero de 1967, respectivamente.

Los abuelos maternos, Andrea y Laureano, salieron de Cuba rumbo a México el 7 de octubre de 1969. Después se trasladaron a Miami donde pasaron 3 días y arribaron a Filadelfia el 22 de diciembre del mismo año. Pasaron inmediatamente a vivir con la familia Zuazo-García, participando desde esa fecha en el cuidado de los niños dándole la oportunidad a Elvira de continuar su profesión de maestra, la cual había sido interrumpida por su salida de Cuba en el año de 1961.

El idioma de comunicación de la familia era el español, único idioma que la segunda generación oyó hasta que empezaron alrededor de la edad de 3 años, a jugar con niños estadounidenses.

En el edificio de apartamentos donde vivía la familia vivían además 3 familias de exiliados cubanos, incluyendo en el año de 1965 a la familia Longa-Zuazo, la cual previamente había vivido en Newark, New Jersey, siendo todos los amigos íntimos de la familia cubanos exiliados. En este medio hispano parlante se criaron los informantes, hasta que en año de 1967 la familia decidió mudarse a una casa la cual estaba situada en un vecindario anglohablante.

5.2.2. Educación

Antonio al igual que Elvira hija y Javier cursaron sus estudios primarios y secundarios en el sistema escolar católico de Filadelfia.

Antonio se graduó de la Universidad de La Salle con un Masters en Administración de Negocios, Elvirita de Holy Family College con una Licenciatura en Sicología y Español, y Javier de Temple University, con una Licenciatura en Criminal Justice. Las tres mencionadas instituciones se encuentran en la ciudad de Filadelfia.

Los tres informantes estudiaron dos años de español en Cardinal Dougherty High School, Filadelfia. Elvirita además estudió español en la universidad.

La salida de los tres informantes del hogar familiar se produjo de la manera siguiente. Antonio y Elvirita salieron para casarse en 1990 y 1992 respectivamente; la salida de Javier se produjo en el año de 1994 cuando decidió tener su propio apartamento en Bryn Mawr, zona aledaña a Filadelfia, mudándose a la zona de Fort Lauderdale en la Florida en 1996, zona en la cual reside actualmente.

Antonio se casó con Janet, monolingüe en inglés; el matrimonio tiene dos hijos, Anthony y Stephen, los cuales no hablan español. Desde la salida del hogar familiar Antonio ha tenido pocas oportunidades en las cuales practicar el español; esto lo hace mayormente cuando se reúne con sus padres y en la reuniones familiares con miembros de la primera generación, ya que con sus hermanos y primos habla solamente en inglés y aun a veces cuando habla con miembros de la primera generación usa como idioma matriz el inglés. Se entiende como el idioma matriz, nos dice Romaine citando a Myers-Scotton, "The language which sets the morphosyntactic frame for codeswiching utterances" y como el idioma *embedded* se entiende que es el que aparece como cambio de código dentro del discurso del idioma matriz (Romaine 1995: 159). Creemos que con Antonio nos encontramos con una situación de pérdida del idioma. Nos explica Romaine (1995: 38) que en los Estados Unidos, "Each new wave of immigrants has seen the decline of their language by dint of pressure from English."

5.2.3. Ejemplos de conversaciones entre la primera y la segunda generación

Ejemplo de una conversación de Antonio con su padre sobre las gomas de mascar que ayudan a dejar de fumar:

A: Go through these and then I get you some more.
P: Con éstas tengo suficiente.
A: Using at least 9 to 12 pieces every day, 9 to 12 *son diez días* (teniendo encuenta el número total de gomas de mascar en un paquete) Are you awake at least 15 hours a day?
P: Quizá, porque en la universidad tengo que calificar.
A: Fifteen hours a day and have one every other day, every other hour *cada dos horas*. That's about seven pieces a day.
P: ¿Cuánto te debo?
A: Nada. Just quit. When are you going to quit? Do not use it and continue to smoke.

En la anterior conversación se puede notar que aunque el padre contesta siempre en español Antonio lo hace en inglés. Es de destacar que la preferencia de hablar en inglés de Antonio es la única notada en todos los informantes, ya que el resto de éstos como se verá más adelante, cuando hablan con miembros de la primera generación tratan de hacerlo en español siendo el caso de ellos contrario al de Antonio en cuanto a que el idioma matriz es el español y el *embedded* idioma es el inglés.

La falta de facilidad en el uso del español por parte de Antonio se puede deber a que se crió y educó rodeado totalmente de anglo-parlantes siendo su único contacto con el español la familia y los amigos de ésta. En esto es similar a sus hermanos, Elvirita y Javier, pero a diferencia de estos Antonio ha estado casado con una monolingüe en inglés y su trabajo no requiere el uso del español, mientras que Elvirita está casada con un español y por su trabajo de sicóloga bilingüe ha tenido que utilizar el español en sus labores diarias. Javier al vivir en la zona del sur de la Florida tiene más oportunidades de contacto con el español.

Elvirita se casó con Agustín Legido, médico español, el cual lleva residiendo en los Estados Unidos alrededor de 15 años. Trabajó como consejera bilingüe por 5 años en el distrito escolar de Filadelfia, y por 2 años como sicóloga bilingüe en el distrito escolar de Vineland, NJ. Al nacer su primer hijo, Agustín, en el año de 1995 abandonó sus actividades profesionales para dedicarse a la crianza de su hijo.

Elvirita cuando habla con miembros de la primera generación trata siempre de hacerlo en español y aun cuando habla con su hijo Agustín lo hace en español cuando hay presentes miembros de la primera generación, aun cuando en su casa sigue la regla de que ella le habla en inglés a su hijo y el padre le habla en español. Sobre este sistema de enseñar a los hijos dos idiomas simultáneamente Romaine nos dice que Ronjat fue el primero que introdujo la idea de, "one person-one language", como el método más efectivo para que el niño crezca bilingüe en un hogar donde los padres tengan diferentes lenguas maternas (Romaine 1989, 1995: 183).

Siguen ejemplos de respuestas de Elvirita en conversación con su madre:

1. E: Paso un día de esta semana. Hoy hay mucho hielo. *I think that you should put the air purifier.*
2. E: No porque fui *down. I didn't go up. I went down.* (hablando sobre como bajó la calle de su casa con el hielo)
3. E: No, le van a hacer otro *ultrasound.*
4. E: Allright have fun tonight.
5. E: *Allright* tú vas a ver a Nelly esta noche.
6. E: La luz verde está y, ¿No tiene olor? *I have to check out the motor or something* (refiriéndose a un purificador de aire).

7. E: I don't know. *Porque,* the time I want to do it, they probably are going to hate it. Mami, do it, at whatever time you want. *¡Déjame saber!*

En sólo 4 y 7, arriba, la lengua matriz es el inglés; en los otros en conversación con su madre la lengua base es el español.

Javier, nació el 20 de enero de 1967, nació, se crió y vivió en Filadelfia hasta el año de 1996, año en que se mudó para Fort Lauderdale, Florida. Javier solamente estudió 2 años de español en la escuela secundaria y ninguno en la universidad. Terminó sus estudios en la Universidad de Temple en Criminal Justice. Javier ha trabajado por los últimos cuatro años como gerente de ventas de una compañía estadounidense siendo su territorio Centroamérica y el Caribe, trabajo el cual requiere el uso diario del español.

Siguen algunos ejemplos obtenidos de una conversación con su padre:

1. **Javier:** Nada, absolutamente *nothing.*
2. **Javier:** Tuvieron un *sixty per cent inflation rate.*
3. **Javier:** En Ecuador quieren hacer la misma cosa para aguantar el *inflation* un poco.
4. **Javier:** Si empezaron a...creo que la guerrilla doscientos(-doscientas) diferentes *electrical towers.*
5. **Javier:** No, pero últimamente, *is he different?*

Como vemos por los ejemplos anteriores Javier trata de usar el español en sus oraciones sólo recurriendo al inglés por la necesidad o el deseo de hacer un cambio de código léxico.

Javier nos expresó que él trata de delimitar los dos idiomas ya que a él le resulta desagradable cuando las personas hacen Cambio de Código, cuando hablan los dos idiomas, en sus palabras, "A mí no me gusta, cuando mezclan el inglés y el español".

En los casos estudiados podríamos aseverar que el español sólo es usado por los miembros de la segunda generación cuando hablan con personas cuyo idioma dominante es el español y que cuando hablan entre ellos o con bilingües cuyo idioma dominante es el inglés, se comunican oralmente utilizando este último idioma, sin hacer cambio de código.

Relacionado con las observaciones anteriores algunos autores afirman que, "el dialecto más conservador es el cubano, (en comparación con el puertorriqueño y el México americano en los Estados Unidos) con un menor número total de préstamos, mayor importancia de los tipos de préstamo con reproducción y ausencia de cambio de código." (Mendieta 1999: 95). En cuanto al préstamo con reproducción el mismo autor nos aclara que, "entre los hablantes de Miami, la transferencia es más limitada y se compone principalmente de préstamos en los que el modelo inglés se reproduce con morfemas españoles." (Mendieta: 94).

Este caso de delimitación de los dos idiomas, se puede deber a que los informantes de Filadelfia y de menor grado los de Miami, han aprendido el español y el inglés de una manera consecutiva. Este tipo de persona bilingüe Jacobson lo llama "Coordinate Bilingual", el cual usa menos el cambio de código que la persona que aprende los dos idiomas en el hogar (Jacobson 1982: 187). El otro tipo de acuerdo a Jacobson, es el que aprende los dos idiomas a la misma vez es el "Compound Bilingual" y muestra más facilidad para el cambio de código.

Capítulo VI

El dialecto cubano como parte del dialecto caribeño

En este capítulo estudiaremos la formación del español caribeño y dentro de éste más específicamente el español cubano y su variedad dialectal habanera. Examinaremos sus características sintácticas, morfológicas, fonológicas y léxicas. Finalmente examinaremos el español cubano en los Estados Unidos, identificando zonas dónde se mantiene y características de sus hablantes.

6.1. EL DIALECTO CARIBEÑO

Diferentes clasificaciones han sido hechas por diversos autores sobre el español caribeño dentro de la clasificación del Español de las Américas. A continuación veremos algunas de las mismas.

De acuerdo con Lipski, (traducción mía): "una de las primeras clasificaciones se produce de los estudios pioneros de Pedro Henríquez Ureña, para el cual el factor más importante en el moldeamiento de los dialectos americanos era el sustrato indígena" (Lipski 1994: 6).

Como cita Lipski (1994: 6), Henríquez Ureña, propuso la siguiente clasificación:

1) México, incluyendo a Nuevo México y la mayor parte de la América Central. (Náhuatl)

2) El Caribe (las Antillas y las regiones costaneras de Colombia y Venezuela) Caribe/Aruaco.

3) El altiplano de la América del Sur, desde Colombia hasta Bolivia y el norte de Chile. (Quechua)

4) La parte central y sur de Chile. (Mapuche / araucano)

5) Las naciones del Río de la Plata, Argentina, Uruguay y Paraguay. (Guaraní)

6.1.1. Influencia aborigen

De acuerdo con la orientación de este trabajo sólo discutiremos la proposición número dos, la que propone que el dialecto del Caribe tiene como sustrato las lenguas indígenas Caribe/Aruaco.

Nos inclinamos a pensar que la influencia de las lenguas indígenas en el español del Caribe, y específicamente en el de Cuba quedó reducida a términos léxicos y que la influencia fonológica, morfológica y sintáctica es casi exclusiva de Andalucía y de las Islas Canarias.

> La introducción en Cuba de indígenas procedentes de las Lucayas o Bahamas, las Antillas Menores y costas de Venezuela, Yucatán, México, la Florida, y las Islas de la Bahía, frente al litoral hondureño, así como las relaciones comerciales entre los asentamientos de peninsulares en Cuba y zonas aledañas, hizo que las lenguas caribe y nahua, conjuntamente con el arahuaco, se impusieran como las lenguas indígenas que mayor aporte léxico suministraron al español de Cuba y del Caribe (Paz Pérez 1998: 26).

Paz Pérez nos da algunos ejemplos de voces arahuacas, integradas en el español del Caribe y de Cuba: huracán, guayaba, bohío, jaba, hamaca, barbacoa, canoa, iguana, maíz, maní, enaguas, papaya, sabana, tabaco y yuca (Paz Pérez 1998: 26).

Es nuestra opinión que la razón de la falta del sustrato indígena en el español cubano se debe a que la población indígena de Cuba para todos los efectos que su influencia pudiera haber tenido en el dialecto cubano desapareció en los primeros años de la conquista española.

6.1.2. Desaparición de la población aborigen

Esta desaparición tuvo las causas siguientes; enfermedades, trabajo en las encomiendas, y asimilación por casamientos; recuérdese que la mayor parte de los españoles llegaban solos a Cuba, o sea que la población indígena disminuyó hasta el punto, de que "la mayor parte de los historiadores cubanos han aseverado que la población indígena, dejó de existir como un grupo identificable en el sigo XVI." (Blutstein, H.I., Cox Anderson, L., Betters, E.C., Lande, D., Leonard, J.A., Townsend, C. 1971: 85).

En cuanto al número de los indígenas cubanos que estaban en Cuba a la llegada de los españoles, este número fluctúa de acuerdo con diferentes historiadores. Vamos a tratar de poner en perspectiva la población indígena en el momento de la conquista.

Según nos relata Portell Vilá:

> Muestra del exterminio a que fue sometida la población indígena son las cifras aportadas en 1544 por el obispo fray Diego Sarmiento y Castilla, según el cual solo quedaban en los poblados españoles 893 aborígenes. Los cálculos sobre la población indígena existente en la isla al momento de la

> conquista oscilaban, entre 60,000 y 500,000 individuos, pero fuese una u otra, el genocidio a que fue sometido este grupo humano es evidente (1986: 91).

Ángel Rosenblat (1945: 16) es de la opinión de que los misioneros y conquistadores exageraban el número de la población indígena, para de esta manera darle más influencia a sus argumentos, por parte de los misioneros para demostrarle a la Corona de cómo el maltrato por parte de los conquistadores y colonizadores habían disminuido esta población y por parte de los conquistadores para realzar la importancia de sus conquistas. Nos dice este autor cómo el escritor Alemán Alber Huna estimaba que Cuba tenía un millón de habitantes. El mismo Rosenblat da como la población total de Cuba hacia 1492 la cifra de 80,000 (1945: 92).

Estimados más recientes y científicos sobre la población de Cuba durante la conquista, nos informan que, "…es posible suponer que el monto demográfico de la población aborigen de Cuba oscilara alrededor de los 200,000 habitantes" (Instituto de Historia de Cuba: 1994: 7).

Como se nota por lo anterior a falta de censos para arribar a una cifra real o al menos aproximada al número de indígenas en el momento de la conquista de Cuba es extremadamente difícil si no imposible. Por lo tanto tenemos que recurrir a estimados, los cuales hemos visto que oscilan entre 80,000 y un millón. Lo que sí es cierto es que la población actual indígena de Cuba es casi no existente; una prueba de esto es que con pequeñas excepciones en la región oriental, se nota en toda la población de la isla una ausencia completa de rasgos indígenas en sus habitantes, lo que nos lleva a pensar que la población original de la isla, como ha sido dicho anteriormente, siguió la vía de la desaparición y de la asimilación.

6.1.3. Influencia Africana

También se ha escrito sobre la presencia de un sustrato africano en el español cubano. Sobre esto hay que recordar que los negros traídos del África eran separados si hablaban el mismo dialecto; esto se hacía para evitar un contacto lingüístico entre ellos que pudiera traer insurrecciones. Por lo tanto, al no poderse comprender entre ellos, esto hacía que utilizaran el español como lengua franca, o un idioma pidgin, como en el caso del Palenquero o el Papiamento. Pero si este lenguaje existió, hoy en día no tenemos prueba de ello. Por lo tanto creemos que la influencia africana en el español cubano si existió en otras áreas que no fuera la léxica hoy en día ya no existe.

Sobre lo anterior nos dice Valdés Bernal:

> Por tanto los subsaharanos fueron transculturados, al extremo de perder sus propias lenguas y verse obligados a recurrir al bozal como lengua vehicular entre ellos mismos, ... por esos motivos en nuestra lengua nacional no es raro hallar tanto en el habla culta y fundamentalmente en la popular y marginal, numerosos subsaharanismos como malanga, quimbombó, ñame, bongó, ecobio, mayimbe, monina, asere, ocambo, enkiko, la mayoría de los cuales pasó al español de Cuba a través de lenguas esotéricas y propias del culto de los orishas yorubas de la Regla de Ocha o Santería, del culto de la nyanga de los grupos bantú de Zaire, Congo y Angola, del culto vodú de origen eme-fon y finalmente, del culto de los ñáñigos de origen efik-ibibio (1994: 7-8).

6.1.4. Influencia Andaluza y Canaria

Otras clasificaciones nos hablan sobre el español Atlántico y la génesis del mismo, "en y alrededor de Latino América las ciudades portuarias tenían un contacto lingüístico y social con Andalucía y las Islas Canarias asegurando una semejanza fonética con el sur de España." (Lipski 1994: 46).

Valdés Bernal (1994: 21) considera el español del Caribe como parte geográfica de una región que denominan el "Caribe Hispánico" la cual la consideran como una zona dialectal, con una homogeneidad relativa en cuanto a la fonología y a la fonética, la cual comprende las Antillas hispanohablantes, el litoral venezolano, y las costas caribeñas de Colombia y Panamá.

De acuerdo con este autor:

> … más el continuo arribo de colonizadores meridionales a las Antillas hispanohablantes y el contacto permanente en lo económico, lo cultural y la migratoria entre Cádiz y Sevilla y los puertos canarios, de un lado y los de La Habana, Santo Domingo y Puerto Rico en las Antillas, Maracaibo en Venezuela, Cartagena de Indias en Colombia y Portobelo en Panamá, mantuvo la relativa homogeneidad lingüística del Caribe hispánico (Valdés Bernal 1994: 5).

Habiendo visto lo anterior que nos ha hablado sobre la génesis del español caribeño, vamos a pasar a enumerar sus características más generales:

De manera jocosa, y a muy grandes rasgos Rosenblat (1973: 39) nos da una distinción sobre el español del caribe; "Yo las distingo (las diferencias) de manera caricaturesca, por el régimen alimenticio las tierras altas se comen las vocales, las tierras bajas las consonantes."

6.1.5. Formación del Dialecto Cubano

Creemos que en la formación de él ha habido una fuerte influencia de Andalucía y las Islas Canarias. Traemos a colación aquí que Cuba fue utilizada desde el principio de la conquista como base militar y naval y como fuente de abastecimiento para varias expediciones a diferentes lugares de las Américas, recuérdese que de Cuba salió Hernán Cortez para la conquista de México.

Asimismo a partir de la segunda mitad del siglo XVI, el puerto de La Habana adquirió una gran importancia, y por ende la ciudad de La Habana,

> El peligro que para las comunicaciones imperiales suponía la presencia francesa en las aguas del Caribe promovió la adopción de medidas encaminadas a garantizar la llegada a la península de los tesoros americanos; de ellas, la que mayor repercusión tuvo en Cuba fue la adopción, en 1561, del sistema de flotas, que ratificaba a La Habana como el punto de reunión de todos los buques que emprendían el retorno a la metrópoli. La villa se convirtió, de hecho y de derecho, en la Llave del Nuevo Mundo, el Antemural de las Indias y consecuentemente, en la frontera imperial del sistema colonial español en el Caribe (Instituto de Historia de Cuba: 114).

Como se puede notar por lo anterior, al reunirse las flotas en La Habana con las tripulaciones que éstas traían en su mayor parte de los puertos del sur de España esto contribuyó a la influencia Andaluza en la formación del dialecto cubano.

Para tener una idea histórica de las más aceptadas teorías sobre la formación del dialecto cubano en general y del habanero en particular, leamos los siguiente:

> durante el período comprendido entre 1510 y 1600 se observa el predominio de inmigrantes procedentes del mediodía español fundamentalmente andaluces (39,6%), seguidos de extremeños (16,4%), murcianos (0,6%), y ca-

> narios (0,3%) para un total de (54,2%), sobre los usuarios de las modalidades centrales y septentrionales (29,6% de castellanos, 5,9% de leoneses y 0,6% de asturianos, para un total de 35,9%) (Valdés-Bernal 1994: 51).

Otro autor reafirma lo anterior, sobre la gran inmigración de Canarias a Cuba durante la colonia siguiendo después de la independencia de Cuba, 1902, hasta la guerra Civil española, 1936-1939 (Lipski 1994: 58-59).

Para la mecánica de este trabajo vamos a definir el español estudiado en el mismo como un dialecto del Español caribeño, al cual denominaremos como el dialecto cubano, y dentro de este dialecto la variedad occidental del mismo con énfasis en el dialecto habanero

6.2. CARACTERÍSTICAS DEL ESPAÑOL DEL CARIBE

En su descripción del español caribeño, Humberto López Morales (1970: 41, 51-73) incluye los siguientes rasgos.

1. No existe en el Caribe Hispánico desdoblamiento fonológico alguno, al desaparecer el segmento /s/, indicador gramatical.
2. Las labiales /b, p/ presentan poca variación.
3. En general, las variantes fricativas de /b/ ocurren en todos los contextos fónicos, menos tras un sonido nasal articulado.
4. La labiodental /f/ se realiza comúnmente como fricativa labiodental sorda, igual que en el resto de los dialectos hispánicos, pero en las Antillas esta variante estándar está acompañada de dos variantes fricativas, la plena y la cuasi fricativa.
5. Debilitación de /d/ intervocálica, siendo las vocales más propicias a la elisión la /o/ y la /a/.

6. /r/ sonido alveolar vibrante al principio de palabra, con la excepción de la /r/ velar, la cual se manifiesta en Puerto Rico.
7. Yeísmo en todos los dialectos.
8. Segmentos palatales /c, j/ conservados por todos los dialectos antillanos.
9. Anteposición de pronombres directos al verbo: ¿Qué tú cree(s)?, ¿Tú sabe(s)?
10. Lateralización l/r, más extendida en Puerto Rico, después en la República Dominicana, menos en Cuba.

Lipski (1994: 231-33) ofrece como características del dialecto cubano las siguientes:

1. /y/ en frase inicial es algunas veces africada.
2. /x/ es una débil faringeal [h], y a menudo desaparece.
3. La africada /c/ raramente se desafrica.
4. La /n/ en frase final y en palabra final prevocálica se velariza.
5. En La Habana, las intervocálicas /p/, /t/, y la /k/ frecuentemente se sonorizan.
6. A través de Cuba, la /rr/ es frecuentemente ensordecida.
7. La neutralización al final de palabra y de frase inicial de /l/ y /r/ es característica de todas las variedades del español cubano, pero las manifestaciones fonéticas varían de acuerdo a la región y al grupo socio cultural.
8. El simple intercambio entre la /r/ > /l/ y /l/ > /r/ es la menor posibilidad común.
9. La /s/ al final de sílaba y de palabra se debilita alcanzando una aspiración [h], ante otros segmentos mientras que la elisión de pausa es más común.

6.2.1. Morfológicas

Lipski; (1994: 231-33) identifica las siguientes características morfológicas y sintácticas del español cubano.

1. El español cubano usa uniformemente, tú, por el pronombre familiar. En el uso contemporáneo, este tratamiento se extiende hacia personas que son conocidas por primera vez, en circunstancias donde usted, sería más común en otros dialectos hispanos.
2. El español cubano, como los dialectos de Colombia y Costa Rica, prefieren el diminutivo -ico, posterior a /t/ o /d/ en la raíz: ratico, momentico, chiquitico.
3. Muchos sufijos derivados de nombres de lugares, los cuales admiten varias variantes entre los diferentes países de habla hispana, convergen en -ero: habanero, santiaguero, guantanamero, matancero, etc.

6.2.2. Sintácticas

1. Preguntas no invertidas son la regla cuando el sujeto es un pronombre. ¿Qué tú quieres?, ¿Cómo Usted se llama? Para la mayoría de los cubanos, el colocar el pronombre personal en una posición post-verbal, da la impresión de agresividad.
2. El más precede a palabras negativas como en las combinaciones: más nunca, más nada, más nadie.

6.3. DIALECTO HABANERO

En su estudio sobre el "Español Educado de La Habana", (EEH), Jorge Guitart, establece a este español como una variedad dentro de los varios dialectos cubanos.

1. No muestra el rotacismo ni el lambdacismo. (Pero se pueden producir en clases de niveles socio-económicos bajos.)

2. La /s/ no es elidida completamente, en posición interna de palabra.

3. La [e] átona comúnmente se reemplaza por un deslizado palatal antes de [u, o, a], ambas dentro y a través de límites morfemáticos. Ej. Pasear, gaseosa, [pasjár, gasjosa]

4. Elisión de [a] átona en posición final de palabra cuando sigue otra vocal, Ej. Una islita [unihlita]

5. Fuerte tendencia del EEH a la velarización, especialmente en posición final de sílaba, Ej. Un domingo [un domingo], un señor [un señor] (Guitart 1976: 21).

6.4. EL ESPAÑOL CUBANO EN LOS ESTADOS UNIDOS

6.4.1. Número de hablantes y distribución geográfica

> Dentro del universo del español de los Estados Unidos, el dialecto cubano, es el que dentro de los tres grupos mayoritarios de hablantes cuenta con el menor número de hablantes, ya que se estima que dentro de un total de 31.7 millones de hispano parlantes, 4.3% es constituido por cubanos, mientras que el 65.2%, y el 9.65, son constituidos por los mejicanos y los puertorriqueños respectivamente, perteneciendo el resto a otros países del mundo hispano (1999, U.S. Census Bureau).

La presencia del español cubano en los Estados Unidos, si se compara con los otros dos grupos mayoritarios de hispanohablantes, el méxico americano y el puertorriqueño, es bastante reciente, ya que los cubanos empezaron a llegar a los EEUU en números considerables desde el año de 1959.

> El español cubano en los EEUU no sólo es hablado en el área de Dade County, Florida, sino que también es hablado en otros lugares donde se ha concentrado un número apreciable de cubanos. Después de Dade County, el norte del estado de Nueva Jersey, es la región dónde se ha asentado el mayor número de inmigrantes cubanos, especialmente en Union City y sus regiones aledañas (Azevedo 1992: 382).

El español ha sido mantenido por gran parte de esta población de hablantes, como el idioma familiar y dentro del grupo de amigos cubanos o de otros países de habla castellana, lo que ha servido para su mantenimiento en los Estados Unidos, por la primera y la segunda generación.

> El español cubano, especialmente el de la primera generación, se asemeja al de la isla, fundamentalmente en los aspectos fonológicos y morfológicos. En el área del léxico, el proceso de incorporación de palabras del inglés se asemeja al del español puertorriqueño y al del suroeste (Ramírez 1992: 33-34).

El español cubano se ha conservado con bastante vigencia en el área de Dade County, Florida, condado que comprende no sólo a la ciudad de Miami sino también muchas municipalidades en las cuales hay una gran concentración de cubanos como la ciudad de Hialeah.

Creemos que los factores que han contribuido al mantenimiento del español cubano en Dade County han sido los siguientes; gran número de cubanos y dentro de ellos un gran porcentaje que es monolingüe en español, estaciones de televisión en español, estaciones de radio, periódicos, revistas, cine, teatro, librerías, programas bilingües escolares, y el hecho de que la ciudad de Miami es el destino de gran número de turistas y comerciantes latinoamericanos que se sienten atraídos a Miami porque es un lugar donde pueden usar el español.

6.4.2. Prestigio

Otro factor muy importante que ha contribuido al mantenimiento del español, especialmente en la segunda generación es el hecho de que el español cubano es una lengua de prestigio en Dade County.

Reafirmando lo anterior nos dice el siguiente autor:

> Sin embargo, debe contribuir al mantenimiento del español el hecho de que en la región de Miami/Dade County se puede usar el español en una gran variedad de contextos comunicativos fuera del ámbito familiar, lo que contribuye a impartir al español un prestigio que no tiene en el Suroeste o en las grandes ciudades del Este (Azevedo, 1992: 382).

Esto no obstante entre los informantes de la segunda generación de este estudio aunque son capaces de comunicarse en español, existe la tendencia a preferirse el inglés como medio de comunicación y todo indica de acuerdo a las conversaciones grabadas y a las entrevistas individuales que una vez que la influencia de los miembros de la primera generación haya desaparecido, la comunicación de la segunda generación será solamente en inglés, con la posible excepción de un encuentro con una persona monolingüe en español o de una persona que aunque conozca el inglés le sea más fácil la comunicación en español.

Capítulo VII
Cambio de código

7.1. La separación de códigos, o diglosia

En la población estudiada se ha notado una separación de códigos delimitada, siendo esta separación violada principalmente, cuando hay una interacción conversacional entre grupos de informantes de la primera y segunda generación. Este tipo de delimitación de ambos idiomas, puede obedecer a una situación de diglosia parcial.

De acuerdo con Ferguson se produce diglosia, "Where two varieties of a language exist side by side throughout the community, with each having a definite role to play." (citado en Fasold 1996: 34). Para este autor esta condición existe cuando a los dos idiomas se les asignan contextos diferentes, por ejemplo, familiar versus público.

La definición anterior es ampliada por Fishman, para el cual la diglosia se puede dar en el caso de que co-existan variedades lingüísticas en el mismo contexto siempre que sean dos idiomas diferentes, funcionalmente distinguidas por la comunidad de hablantes (citado en Fasold 1996: 40).

Para los efectos de este capítulo utilizaremos la definición de Fishman, la cual admite la posibilidad de que dos idiomas coexistentes en un contexto determinado puedan producir un caso de diglosia. Los idiomas estudiados son en este caso el inglés y el español. El español es utilizado por la primera generación (1G) en el seno familiar y con amigos, conocidos e hispanos cuya lengua dominante sea el español. El inglés es utilizado por parte de la segunda generación (2G) cuando hablan entre sí aun en el contexto de la familia; utilizan principalmente el español cuando están en presencia de miembros de la primera generación ya sea de familiares o de los amigos cubanos de éstos, y menos frecuente fuera de la esfera familiar con individuos que prefieran el español.

7.2. CAMBIO DE CÓDIGO

7.2.1. Definición

Veamos el Cambio de Código bajo la luz de definiciones dadas por diferentes autores. El Cambio de Código, o el "Codeswitching", ha sido definido como:

> "… the use of more than one language in the course of a single communicative episode" (Heller 1988: 1).

También ha sido definido como:

> "The alternative use by bilingüals of two or more languages in the same conversation" (Milroy y Muysken 1995: 7).

De acuerdo con Gumperz (citado por Romaine 1995: 121) el Cambio de Código es: "The juxtaposition within the same speech, exchange of passages of speech belonging to two different grammatical systems or sub-systems." Y por último el CC ha sido definido por Poplack (2000: 224) como, "…the alternation of two languages within a single discourse, sentence, or constituent."

Las definiciones anteriores tienen en común de que el CC es la intervención en un episodio comunicativo determinado de dos idiomas o más. Para los efectos de este trabajo utilizaremos la definición de Poplack, ya que la misma presentando similitudes con las demás, añade más específicamente en, "… sentence, or constituent".

7.2.2. Tipo gramatical

Poplack (2000: 255) subdivide el Cambio de Código de acuerdo con su sintaxis y el uso del idioma en CC inter-oracional, intra-oracional y cambio etiqueta, el cual será llamado en este trabajo extra-oracional para incluir también los "filler", las interjecciones, las expresiones idiomáticas, las citas y las etiquetas.

El CC "inter-oracional" consiste en el cambio de un idioma a otro en los límites de la cláusula u oración.

> "This is just so interesting. *¿Pero qué es esto? ¡Ah!, es una espátula*". (Olga Marie informante de Miami).

Se efectúa el CC "intra-oracional" dentro de los límites de la cláusula u oración.

> "Why make Carol sentarse atrás pa'qué (sit in the back so) everybody has to move pa'que se salga (for her to get out)" (Poplack: 230).

El CC "extra-oracional" no requiere conocimientos de la gramática de la oración en sí, frecuentemente ocurre al límite inicial o final de la oración aunque puede insertarse en el interior de la oración también.

> He went, *este*, to the movies

De acuerdo con Poplack de las tres categorías la cual exige un mayor control de los dos idiomas es el cambio intra-oracional, el cual tiene que reconocer las reglas específicas de ambos idiomas y de estructura a nivel de la frase dentro de la oración. Y la que menos control demanda es el cambio extra-oracional, el cual puede ser usado también por personas monolingües o por bilingües no balanceados.

La opinión anterior de que el CC exige un control de los dos idiomas contrasta con la opinión sostenida por muchos bilingües y monolingües los cuales consideran, el CC como una deficiencia en el uso del idioma español o inglés.

7.2.3. Cambio de Código Funcional

Aparte de la consideración del CC desde el punto de vista gramatical, éste puede ser también considerado desde el punto de vista de sus funciones, las cuales a su vez se subdividen en dos categorías; los cambios situacionales y metafóricos.

De acuerdo con Blom y Gumperz (2000: 126). "The notion of situational switching assumes a direct relationship between language and the social situation."

Bajo este cambio, se pueden considerar los cambios de los informantes de la segunda generación, estudiados en este trabajo, los cuales utilizan el español en el contexto familiar cuando los abuelos o los miembros de la primera generación están presentes.

En el CC metafórico el cambio corresponde no al cambio de situación social sino a cambios utilizados en relación con el tópico, para dar énfasis, para expresar solidaridad, etc. (Blom y Gumperz: 127). En otras palabras son cambios asociados con el significado del mensaje.

Otros autores llaman a este cambio "Emblemático" y el mismo puede incluir el uso de cambios etiquetas (tags), interjecciones, expresiones idiomáticas y aún cambios de nombres individuales (Poplack 2000: 254), o cambios más sofisticados de los tipos inter- e intra-oracional.

7.3. EL CAMBIO DE CÓDIGO EN TRES COMUNIDADES HISPANAS (PUERTORRIQUEÑA, MÉXICO AMERICANA Y CUBANA)

7.3.1. Comunidades puertorriqueña y México americana

La práctica del Cambio de Código (CC) ha sido considerada por muchos hablantes monolingües y bilingües como una expresión lingüística inferior social reflejando la falta de dominio de uno o dos idiomas. Mas sin embargo la práctica del CC está bastante difundida en ciertos sectores de comunidades hispanas de los Estados Unidos, especialmente en las comunidades puertorriqueñas y méxico americanas, pero no tan extendida en la comunidad cubano-americana aquí estudiada. Hasta se podría decir que en el caso de los informantes de la segunda generación de este estudio pocas veces utilizan el cambio de código. Cuando lo hacen la mayor parte de las veces lo efectúan en presencia de personas de la primera generación.

Una causa que contribuye a que el CC se produce más frecuentemente en las comunidades méxico americana y la puertorriqueña, puede ser el número de años que en estas comunidades el español ha estado en contacto con el inglés. La influencia directa del inglés en la comunidad mejicana se remonta a 1846, año en que los Estados Unidos después de apoyar la secesión de Tejas de México aceptan a ésta como estado de la unión americana; y a 1848 después del Tratado Guadalupe Hidalgo, por el cual México pierde California, Nevada, Utah, la mayor parte de Arizona, y partes de Nuevo México, Colorado y Wyoming, perdiendo México casi la mitad de su territorio; y a 1853 con la compra de Gadsden, cuando Estados Unidos adquiere tierra en el sur de Arizona y Nuevo México. (Alarcón, F.X., Ohara, M., Rojas, M., Samaniego, F.A., 2001: 4).

O sea que en la mayor parte de estos territorios han coexistido el español y el inglés por más de 150 años, y por ende las condiciones para el desarrollo del CC.

En la comunidad puertorriqueña la influencia del inglés se remonta al traspaso de la isla de Puerto Rico a los Estados Unidos por España después de la Guerra Hispanoamericana de 1898. Pero es en realidad después de la Segunda Guerra Mundial con la migración de más de dos millones de puertorriqueños a los Estados Unidos, que los dos idiomas tienen un contacto mayor, creando esto como en la población mejicana las condiciones necesarias para que se desarrolle el CC (Alarcón et al, 18).

7.3.2. Comunidad Cubana

En contraste, la gran inmigración cubana en la época actual a los EEUU empezó a principios de 1959 y ha durado hasta la fecha, teniendo su período de inmigración más alto entre los años de 1960 y 1980 (Alarcón et al. 32-33). O sea que la comunidad cubana objeto de este estudio es una comunidad relativamente joven si la comparamos con las comunidades méxico-americana y puertorriqueña. Y quizás sea ésta una de las razones por la cual el CC no se ha generalizado en toda la comunidad.

Quizás otra razón por la cual no se desarrolló como norma el CC en la población estudiada es que no era la norma del medio ambiente donde los informantes aprendieron el español y el inglés. Todos los informantes de este estudio aprendieron los dos idiomas consecutivamente, primero el español en el hogar, y después el inglés cuando emigraron en el caso de la 1G o cuando empezaron a jugar con amiguitos y a ver programas de televisión en inglés para niños, sucediendo esto alrededor de la edad de tres años en el caso de la 2G. Esta separación situacional de los idiomas no fue contribuyente para el CC.

Otra razón que limita el desarrollo del CC es que la familia de Filadelfia, vivió siempre en un vecindario donde la única familia que hablaba el español era ella. La familia de Dade County vivió en un vecindario, West Chester, el cual estaba compuesto por familias anglos e hispanas. O sea que ninguna de las dos familias vivió en un vecindario donde había una gran concentración de personas hispanas compartiendo experiencias de contacto cultural lo cual es uno de los elementos necesarios para el desarrollo del cambio de código.

En la población estudiada la mayoría de las instancias donde se ha observado el CC, son cuando la 2G se encuentra en interacción conversacional con la 1G.

Este hecho apoya la siguiente declaración de Heller la cual aplica a esta situación en cuanto el CC sólo se da en la población objeto de este estudio de manera limitada cuando mayormente la 1G en interactúa con la generación de los padres.

> It is evident that codeswitching does not occur in all multilingual communities, and even in communities where it does exist not everyone codeswitches, further, even among those who do codeswitch, codeswitching, does not necessarily occur in all social situations (Heller 1988: 9).

Al examinar la población estudiada aquí debemos tener en cuenta las características de esta población. De los 6 informantes de la 2G, 5 han terminado sus estudios universitarios y el otro ha terminado dos años de college. De los 4 informantes de la 1G, 3 terminaron estudios universitarios y el otro terminó el bachillerato. Las dos madres terminaron sus estudios universitarios una en Cuba, Olga y la otra en Filadelfia, Elvira. Traemos esto a la atención del lector porque creemos que es uno de los factores contribuyentes a la ausencia de CC como norma en la población estudiada. Los informantes de la 2G tienen un vocabulario extenso en inglés debido a sus estudios universitarios y puede ser que recibieron un vocabulario bastante amplio en español debido a la educación superior de los miembros de la 1G. Esto sumado a que los seis informantes de la 2G se criaron con los abuelos, en Miami los de la familia Longa con Isabel y José Zuazo Díaz desde su llegada de Cuba hasta la muerte de éste en 1974, y con Isabel hasta que dejaron el hogar familiar; y en Filadelfia los informantes de la familia Zuazo, desde la llegada de Cuba de Andrea y Laureano en 1969, hasta la muerte de Laureano en 1977, y con Andrea hasta que los informantes dejaron el hogar familiar. Esto contribuyó a la delimitación en el uso de los idiomas, ya que ninguno de los cuatro abuelos se podía comunicar en inglés.

Otro factor que atestigua al CC en las comunidades puertorriqueña y méxico americana es el número de estudios que se han hecho sobre el CC en estas dos comunidades principalmente en la méxico-americana.

> "Furthermore, most of the research on US Latino bilingualism has been carried out among Mexican Americans who differ historically, culturally, and linguistically from Puerto Ricans, and the bulk of it has been at the sentence level..."(Zentella 1997: 5).

También existen estudios, como los de Poplack (1980) en la comunidad puertorriqueña de Los Estados Unidos. La escasez de tales estudios de la comunidad cubana es notable.

Capítulo VIII

El cambio de código en la población estudiada

8.1. La primera generación

Consideremos ahora como se producen o no se producen los CC gramaticales y funcionales en la generación de los abuelos y en la primera generación:

Isabel 101 años	Olga 67 años	Elvira 61 años
	Óscar 67 años	José 62 años

Conversaciones fueron grabadas telefónicamente con Isabel, la única sobreviviente de la generación de los abuelos. Isabel se encuentra en un asilo de ancianos en Silver Spring, Dade County. Ella ha vivido con la familia Longa, compuesta por su hija Olga, su esposo Óscar y sus hijos Oscarito, Waldo y Olga Marie, desde su llegada de Cuba en 1968 hasta su ingreso en el asilo hace cinco años. La conversación siguiente, entre Isabel (Dade County) y su hijo José (Filadelfia) fue grabada en el año 2000, cuando Isabel tenía 99 años:

José: Vieja, ¿Cómo estás?
Isabel: Esperando por ustedes. ¿Cuándo vienen?
José: En diciembre, pero por pocos días.
Isabel: No importa con un sólo día que te vea está bien.

José: ¿Has visto a Javier? (hijo de Elvira y José, informante de Filadelfia, él cual lleva 5 años residiendo en la zona de Fort Lauderdale en la Florida, situada a unas 30 millas de Miami y que con frecuencia va a visitar a su abuela)
Isabel: Cada vez que viene me trae la bebida que me gusta.

Isabel como era de esperar por su llegada a Los Estados Unidos a la edad de 73 años, nunca aprendió a mantener una conversación en inglés, pero sí tenía un vocabulario pasivo no muy extenso y conocía más palabras en inglés que muchas de las personas cubanas de su generación. Lo anterior se debe a que Isabel tuvo clases de inglés en Cuba, y una vez en los EEUU ponía atención a las telenovelas en inglés. Creemos que por su avanzada edad de 99 años en el momento de esta grabación el poco inglés que poseía ha sido olvidado.

Sigue un ejemplo extraído de una conversación telefónica entre Olga y José, hermanos de la primera generación ella de Miami y él de Filadelfia. El tema de la misma es el viaje próximo a Miami de José para atender el bautizo del primer hijo de Waldo (hijo de Olga) y de su esposa Lidia.

José: No, porque tú mandaste una cosa aquí, que me mandaste una cosa de Waldo que tiene el bautizo (la fecha del bautizo).
Olga: Va a ser en la iglesia y después de la iglesia va a ser en casa de Chicho (suegro de Waldo) la reunión. Entonces me dice Javier, "No tía, yo voy de cuello y corbata". Dígole, bueno, eso es lo que yo pensé, pero dice tío que hay mucho calor para cuello y corbata.
José: Yo le dije (a Javier) "yo voy con mi saquito de viaje y mi corbata". Él me dijo, "no formal"; yo le dije "espera, espera un momento hermano." (a Olga) Entonces salgo después (del bautizo), el veinticinco salgo a las doce y quince de Fort Lauderdale y llego a las tres y veinticinco a Newark.

Olga: El viernes vamos a ir a Miami a ver a la vieja. Yo no tengo que ir a otra cosa, pero quiero ir a verla, por lo menos la primera semana verla dos veces. El diecisiete llega la hermana de Tony (de Cuba) y yo...

Nota aclaratoria: en el anterior discurso Olga se refiere a Tony, éste era el nombre de guerra de Óscar padre, su esposo. La dualidad de nombres se debe a que "Tony" era el nombre que, Óscar padre, utilizaba en la lucha clandestina en contra del gobierno de Fidel Castro cuando estaba en Cuba, siendo éste el primer nombre con el cual lo conoció la familia Zuazo cuando le dio refugio en su casa cuando éste era perseguido por sus actividades clandestinas.

Nótese que esta conversación se ha producido toda en español, lo cual es la regla entre los miembros de la 1G, utilizando el inglés solamente por cortesía si hay una persona presente que no habla español, o para efectuar préstamos léxicos. Este hecho apoya la siguiente afirmación:

> I assume that borrowing is prototypically lexical in nature. Languages seem to exert most influence on each other in the realm of vocabulary and bilingual speakers seem to borrow mostly from one language because they do not have the right word available in the other. Borrowings are usually content words (Backus: 1992: 10).

En las raras veces en que el CC ocurre en el habla de la primera generación, suele ser en presencia de la 2G y suele afectar palabras aisladas.

Los siguientes segmentos de conversación fueron grabados en agosto de 2001 en el nuevo apartamento de Javier en Fort Lauderdale. Participantes son: 1G: Óscar padre, Olga, José y Elvira madre; 2G: Javier; Oscarito, Jennifer, esposa de Oscarito.

Olga: Javy, está *beautiful* el apartamento y yo creo que está más cuidado que él anterior.

Óscar padre: El hijo estaba *disabled* por un tiempo hasta que empezó a trabajar en un *junkyard*.

Óscar padre: ...no sé qué lado por ahí, dice que lo que hace es *disrupt the classes*. (hablando sobre un muchacho que pusieron en clases para personas especiales).

Los cambios vistos aquí ocurren en la situación de conversación con miembros de la segunda generación presentes, pero tienen función de tipo metafórico. El cambio a "beautiful" produce énfasis; los cambios a "disabled" y "junkyard" son asociados con características del individuo referido y el lugar donde trabaja. El tercer caso es un CC afectando una frase verbal en asociación con el dominio de "special education", dominado por el inglés.

8.2. COLECCIÓN DE DATA

La mayor parte de los ejemplos de 1G y 2G han sido tomados de conversaciones en Dade County y Fort Lauderdale cuando Elvira y José, a veces juntos a veces José solo debido a que Elvira tenía que tomar cuidado de su madre en Filadelfia, iban a visitar a la madre de José y a Javier hijo de éstos.

Las conversaciones han sido grabadas en grupos, mayormente en comidas familiares. También se han hecho grabaciones en Filadelfia entre los informantes de Filadelfia y cuando los informantes de la Florida por ocasiones familiares viajaban a Filadelfia.

Como se ha mencionado el otro método utilizado ha sido el de la conversación telefónica, éste no ha inhibido a los informantes debido a que después de unos minutos en la conversación ésta adquiría el tono natural que es lo que sucede con las grabaciones en grupo que después de unos minutos los participantes empiezan a hablar coloquialmente. Este método tuvo que ser utilizado, ya que debido a la distancia entre los dos grupos de informantes la obtención de más data se dificultaba. Y en el caso de Isabel era más fácil grabarla por teléfono que personalmente en el asilo de ancianos.

8.3. SEGUNDA GENERACIÓN, DADE COUNTY

Dade County.	Filadelfia.
Óscar hijo (Oscarito) 40 años	Antonio 40 años.
Waldo 36 años	Elvirita 36 años
Olga Marie 33 años	Javier 35 años

8.3.1. La separación de idiomas

En presencia pero sin participación de la 1G

Se ha notado en el curso de esta tesis que los informantes de la 2G cuando no están en un grupo en el cual están incluidas personas de la 1G hablan inglés entre ellos sin ninguna instancia de cambio de código, y aún en presencia de personas de la 1G algunas veces lo hacen en inglés.

Lo que sigue es una conversación en inglés entre dos informantes de Miami. Los que están presentes son 1G: Olga, José y Elvira madre, 2G: Olga Marie, Javier y Oscarito; el tema es la falta de respeto de unos hijos hacia sus padres.

Olga Marie: That's not when they were younger.
Oscarito: When they were younger what?
Olga Marie: They still listen to him.
Oscarito: When they were younger what?

Olga Marie: You cannot tell your parents when you are ten years old to shut up.

La siguiente conversación en inglés es entre los tres informantes de Filadelfia de la 2G, Javier, Elvirita y Antonio, en presencia de dos miembros de la 1G: Elvira Madre y José. Hablan sobre el hijo de Elvirita, Agustincito de 3 años.

Javier: He needs papau. (significa darles nalgadas a un niño)
Elvirita: I don't papau my kid.
Antonio: Never? Oh no! There is nothing like a good whack, seriously you can say no so many times.

La siguiente conversación entre un informante de Miami, Waldo, y uno de Filadelfia, Javier, fue mantenida en la presencia de los siguientes miembros de la familia por la 1G: José, Olga y Óscar padre; por la 2G, Javier, Waldo y Lidia esposa de Waldo. La conversación es en la preparación de un barbecue en la casa de Cayo Largo, Florida de Olga y Óscar; el tema son las picadas de mosquitos recibidas por Javier.

Waldo: Holy shit! Look at You!
Javier: And only one leg.
Waldo: What did you eat today? Sugar? You got a sugar sandwich?
Javier: They know what they are getting here.
Waldo: *¡Alimentación*, baby, *alimentación*! I didn't get bit like that.
Javier: I got devoured!
Waldo: That's nasty!

Nótese que estas conversaciones se desarrollaron en presencia de miembros de la primera generación, quizás el hecho de que la conversación entre estos informantes se desarrolló en inglés, con la sola excepción de la palabra "alimentación", se debió a que los miembros de la primera generación no estaban activamente participando en la conversación.

Siendo apoyado lo anterior por mí, cuando pude observar en un almuerzo tenido en Fort Lauderdale en el cual estaban Waldo y su amigo Alex cubano-americano de Dade County y como Waldo también graduado de universidad, que durante el almuerzo la conversación se desarrolló toda en español. Pero cuando estábamos los tres en el automóvil rumbo a Miami con José sentado en el asiento trasero y Waldo y Alex en el delantero éstos últimos conversaron por espacio de una hora en inglés sin efectuar ningún CC.

Otra ocasión fue la fiesta del bautizo del hijo de Waldo y Lidia ambos de la 2G. Esta fiesta se celebró en el patio de la casa de los padres de Lidia, ambos de éstos cubanos de la 1G. En la fiesta había miembros de la 1G y de la 2G y cuando había interacción entre las dos generaciones las conversaciones eran en español, mas sin embargo cuando había grupos de la 2G los cuales no incluían a miembros de la 1G toda la conversación se desarrollaba en inglés sin intervención del español.

8.3.2. Hablando directamente con la primera generación

Cuando se desarrolla una conversación directamente con miembros de la 1G se puede apreciar cómo por parte de la 2G se trata de mantener la conversación mayormente en español.

Primero, veamos esta tendencia de parte de los hablantes de la 2G en Miami. La siguiente conversación telefónica ocurrió entre Olga Marie 2G, Fort Lauderdale, FL. y José y Elvira 1G, Fila. Tema: cumpleaños de José.

José: Hola, Olga Marie.
Olga Marie: *Hi* tío.

José: ¿Cómo andamos?
Olga Marie: Felicidades.
José: Muchas gracias.
Olga Marie: ¿Te sientes igual? Y, ¿Cómo están ustedes? ¿Ya empezaron a trabajar?
José: ¿Tú estás enferma?
Olga Marie: Es que este teléfono es horrible. Tú sabes que Don (novio de O.M.) tiene igual.

Lo siguiente muestra un ejemplo de conversación entre Olga Marie y Elvira Madre.

Olga Marie: ¿No has empezado a trabajar?
Elvira Madre: No todavía.
Olga Marie: ¡*Oh wow*! Y, ¿Tío ya empezó? ¿El diecisiete? ¡Qué vida más rica!

Nótese que con las excepciones de la salutación "Hi" y la exclamación "Wow", Olga Marie mantiene toda la conversación en español.

Abajo vemos una conversación telefónica entre otro informante de la Florida, Oscarito 2G, y Elvira Madre y José, 1G; el tema es la mudanza de Oscarito a una nueva casa.

Elvira Madre: Toda la tragedia de la casa.
Oscarito: *Oh, my God!* La semana que viene se muda el inquilino y nos vamos para arriba.
Elvira Madre: Está bien entonces.
Oscarito: Vamos a ver. Ahora tengo que sacar los permisos porque voy a construir, voy a ampliar la casa. Y, ahí echando para delante. ¿Qué se va a hacer? ¿Cuándo vienen ustedes?
Elvira Madre: No sé.
Oscarito: Y, ¿Cuándo van de viaje?

Elvira Madre: Esperamos en agosto.
Oscarito: Y, ¿Dónde van a ir?
Elvira Madre: Queremos ir al sur de España."
José: ¿Tú lo conoces?
Oscarito: No, yo fui a Barcelona nada más. El único lugar que visité en España es Barcelona. Es fácil viajar allí porque se conoce la lengua.

Nótese que en esta conversación con la sola excepción de la exclamación, "Oh my God", la cual también es usada muy comúnmente por miembros de la 1G, Oscarito mantiene toda la conversación en español.

8.4. SEGUNDA GENERACIÓN, FILADELFIA

8.4.1. Conversaciones con miembros de la primera generación

Las siguientes son selecciones de la producción conversacional de Javier hablando con José, su padre:

1. Y en Ecuador quieren hacer la misma cosa para aguantar el *inflation* un poco.
2. Yo quiero saber cómo ellos se sienten cuando Fidel Castro le llame a su hija un gusano, un *traitor.*
3. Si empezaron...creo que la guerrilla, doscientas diferentes *electrical towers.*

Este informante trata de mantener la conversación en español haciendo sólo CC de tipo léxico al inglés. Es capaz de contribuir en español a la conversación con su padre.

Sin embargo, veamos selecciones producidas por Antonio hablando con sus padre, Elvira madre y José:

1. ¡Ah! *No puedo. Tengo* Boy Scouts. *I thought that you were going to call her.*

2. Using at least nine to twelve pieces every day, nine to ten *son diez días*. Are you awake at least fifteen hours a day?

3. Fifteen hours a day and have one every other hour, *cada dos horas*.

En este informante el CC es notable pero a diferencia de los otros informantes que efectúan el mismo del español al inglés, lo hace en 2 y 3 del inglés al español

Elvirita, representante de la 2G en Filadelfia en conversación con su madre, dice:

1. Paso un día de esta semana. Hoy hay mucho hielo. *I think that you should put the air purifier.* "No porque fui *down. I didn't go up. I went down.*" "La luz verde ¿está? Y, ¿no tiene olor? *I have to check out, the motor or something.*

Aquí, los cambios de Elvirita son del español al inglés pero también son notables. Es de notar que los tres informantes de Miami pueden mantener la conversación en español sin dificultad, mientras que los informantes de Filadelfia recurren a CC por necesidad léxica, o por otro motivo, y en el caso de Antonio son al español desde una base del inglés. El mayor uso del inglés de Antonio, aún en conversaciones directas con miembros de la 1G puede ser debido a que éste ha estado casado por 11 años con una monolingüe inglesa, siendo su único contacto regular con el español a través de sus padres o con familiares de la 1G. Grosjean (1982: 150) aduce que entre las razones para el CC dadas por informantes está la de, "… easy way out when I cannot find a word in the language I'm speaking."

8.4.2. Cambios de código en presencia de la 1G por parte de los informantes de la 2G de Dade County y de Filadelfia

Aunque existe la tendencia de usar el español en la presencia de la 1G, sobretodo de parte de los informantes de Miami y los de Filadelfia que son más capaces de hacerlo, en su presencia también ocurren instancias de CC, sobretodo entre miembros de la 2G hablando entre sí. En el siguiente caso miembros de la 1G están presentes pero la 2G es la que habla.

Participantes: 1G; Elvira Madre, José. 2G; Oscarito, Olga Marie, Javier.

Conversación en grupo grabada en Fort Lauderdale.

Olga Marie: Jay. Ah, Jay es mejicano. La esposa es la *partner* de Waldo. *Oh, She is mexican. Too! They are so nice*. Él es buena gente.
Oscarito: Él, ¿es maestro? Pero, es de *High School*, ¿No?
Olga Marie: No es de *special ed.*
Oscarito: Pobrecito.
Olga Marie: Oh, yeah it t*akes a special person.*
Oscarito: Para la gente que son *retarded.*
Javier: Retarded?
Oscarito: Para los hijos de los soldados.
Olga Marie: Oh, my God, I don't think that I have…*pobrecitos si es verdad, si es verdad.*Yes, they are. They should… It takes a special person to take care of kids like that.

Los siguientes ejemplos son enunciados de Waldo, informante de Miami en conversación con la 2G presente: participantes: 2G: Waldo, Javier; 1G: Óscar padre, José, Olga. Ocasión: Un barbecue en la casa de Olga y Óscar en Cayo Largo, Florida.

1. Puchi ven, *come here*. (llamando a su perro)

2. Papi, esto está, tan gordo, tan gordo, *you are letting them*... (hablando con su padre sobre la carne que se estaba cocinando)

3. Pero, eso era *child abuse* hoy en día hay leyes sobre eso. (hablando con José, cuando éste viajaba con la familia a Miami desde Filadelfia en un Volkswagen sin aire acondicionado).

En conversación en la casa de Elvira y José en Filadelfia, con éstos últimos presentes, tenemos el siguiente ejemplo de Javier hablando por teléfono con su hermano Antonio.

Javier: All right go. OK. I'm going to take a shower and I'll be out of here in 10 minutes. Wait for me at the house. *Son las ocho y media.* I'll be there between 12:30 p.m. and a quarter to one.

En la misma situación en la casa de Elvira y José con éstos presentes pero otra conversación vemos a Olga Marie que estaba buscando un espejo con luz para arreglarse.

Olga Marie: Thank you booby! How about a light?
Javier: How about a light?
Oscarito: Sí, esto no es Miami. *This is just so interesting.* Pero, pero. ¿Qué es esto? Ah, es una espátula.

La siguiente conversación es entre 1G, José, y 2G: Olga Marie y Javier ésta ocurre en la casa de José y Elvira en Filadelfia. En esta situación, Javier le pregunta a Olga Marie si ha llamado a Antonio (hermano de Javier) a su casa.

Javier: Did you call his home? Did you call his home?
Olga Marie: Nothing. (nobody answered)

José: Las llaves de mi carro. ¿Dónde están?
Javier: Arriba.
José: ¿Dónde arriba?
Javier: Arriba al lado del televisor. Ese carro corre bien.
Olga Marie: Corre bien, por lo menos cien millas.
Javier: Creo que ciento veinte.
Olga Marie: De cero a ciento veinte.

Los dos primos estaban haciendo broma sobre que habían corrido el carro que José le prestó a Javier. Nótese que los informantes de la 2G estaban hablando en inglés, pero cuando hay la intervención en español de un miembro de la 1G, entonces los informantes continúan en español.

8.5. ANÁLISIS DE LOS CAMBIOS

Como hemos observado en el capítulo 7, los cambios de código de acuerdo con su gramaticalidad pueden ser separados en inter-oracionales, intra-oracionales y extra-oracionales.

Veremos ahora ejemplos cómo los informantes efectúan estos cambios.

8.5.1. Inter-oracionales

Como ha sido dicho anteriormente, el cambio de código entre oraciones consiste en el cambio de un idioma a otro en los límites de una cláusula u oración. Ejemplo:

Olga Marie: This is just so interesting. *Pero, ¿Pero qué es esto? ¡Ah!, es una espátula.*

8.5.2. Intra-oracionales

El cambio de código intra-oracional es la forma de cambio que toma lugar dentro de los límites de la cláusula u oración. Ejemplo:

Olga Marie: Tienen que vivir con una cadera partida, *for the rest of their lives.* Muchas de estas viejas *can't go under surgery.*

8.5.3. Extra-oracionales. (Poplack, etiqueta)

Incluye los cambios etiquetas, fillers, interjecciones, expresiones idiomáticas y las citas.

Waldo: *I know, I know*, tenía una entrevista ayer." (muletilla)

Es la opinión de Poplack (2000: 254-55) que para enunciar el cambio de código inter-oracional se requiere un dominio mayor en ambos idiomas que en el cambio de código de etiqueta y que para efectuar el cambio intra-oracional, sólo los bilingües balanceados son capaces de hacerlo con facilidad siendo éste el más difícil de los tres.

Vamos a tener en consideración si hay o no cambio de código según los patrones expuestos por Poplack (2000: 226) para la cual para haber CC, el constituyente cambiado no debe de estar integrado, fonológica, morfológica y sintácticamente, a la lengua base ya que si esto sucede se considera una integración total del término del idioma contribuyente, como en el siguiente ejemplo:

Es posible que te mogueen" (They might mug you).

Poplack considera que "mogueen" al adquirir las características fonológicas, morfológicas y sintácticas del idioma español forma parte entonces de un discurso monolingüe en español. Si falta una o más de estas integraciones entonces se puede considerar que ha habido cambio de código.

Las formas de un idioma integrado totalmente en otro son casos de préstamo el cual no debe ser confundido con el cambio de código. Parecido a Poplack, Grosjean (1982: 309) establece que la diferencia entre CC y préstamo radica en que mientras el CC puede ser una palabra, una frase o una oración cuando es un cambio completo de idioma, mientras que el préstamo es una palabra o expresión adaptada fonológica y morfológicamente al idioma que se está hablando.

Grosjean subdivide el préstamo en "Language Borrowing", si éste es usado por la comunidad lingüística y en "Speech Borrowing" si es una instancia de un préstamo aislado individual. Para los fines de este trabajo llamaremos al primero, préstamo colectivo y al segundo préstamo individual.

Grosjean nos provee con los siguientes ejemplos:

"Je passe *le weekend* a la maison" (Préstamo colectivo)
(I'm spending the weekend at home)
"Ça a *poppé*" (Préstamo individual)
(It popped).

8.6. CAMBIOS HECHOS POR LA SEGUNDA GENERACIÓN DE DADE COUNTY Y DE FILADELFIA

8.6.1. Informantes de Dade County

Veamos algunos ejemplos de cambios gramaticales, primero entre los informantes de Miami. Aquí los cambios de una sola palabra que manipulan un elemento de la gramática de la oración (por ejemplo, el sustantivo) se consideran intra-oracionales.

Waldo hablando con su tío José dice:

1) El aire se fue del carro a las dos y media. De dos y media a seis estamos en ese sauna. [It's] *Rush hour traffic bumper to bumper the windows open.* (Inter-oracional)

2) En tercer grado no hicimos nada porque, *you know,* era *baby sitting.* (Extra/Intra-oracional)

3) Los hispanos que hablaban en casa eran una clase diferente. Era *you know* más adelantados; los americanitos eran otra clase. (Extra.)

4) Pero todo el mundo *at least* en mi escuela en Miami tenía que coger *Spanish.* (Intra / intra.)

5) ...yo lo entiendo pero *still* el *treatment* no es igual. (Intra/intra.)

6) Sí, pero el apartamento es un *dump.* (Intra.)

Olga Marie, hablando en un grupo en el cual están incluidos miembros de la 1G y de la 2G, dice:

7) Él es muy tranquilo, *very, very* tranquilo. (Intra.)

8) No deben eliminar *Special Ed. They are special people no matter what, they need a special teacher* y no todas las maestras pueden *handle it.* (Intra/inter/intra.)

9) Eso es lo que dicen ellos, *I'm quoting.* (Inter.)

10) *It echoes in there.* Porque con el *building* está así el *echoes.* (Inter/intra.)

11) Si la amiga de ella Ilma, ella me iba a decir *"I know how to style it without a problem".* (Inter.)

En el caso del (8) considero que, "They are special people..." es una continuación en la lengua del cambio, "Special Ed.", y no un cambio en sí.

Oscarito, hablando con sus tíos Elvira y José:

12) Tiene que pagar el *mortgage*. (Intra.)

13) *Oh my God!* La semana que viene se muda el inquilino y nos vamos para arriba. (Extra.)

14) La gente que son *retarded*. (Intra.)

En estos informantes de Miami es de notar que en estos ejemplos los cambios de código intra oracionales incluyen el (Cambio de Código a nombres en 4 ocasiones (en 4 –Spanish, en 5-treatment, en 6-dump, y en 13-mortgage), y en los siguientes cambios de una sola palabra sólo se produce una vez adverbio, en 7-very, el cual es repetido, verbo en 10-echoes, y adjetivo en 14-retarded. En frases encontramos en 2 un sintagma nominal, -baby sitting, en 4 un sintagma preposicional –at least y en 8 un sintagma verbal– handle it. También es de notar que de un total de 11 cambios intra oracionales 8 están compuestos de una sola palabra y 3 de dos palabras, efectuándose todos estos cambios de código del español al inglés.

8.6.2. Informantes de Filadelfia

Javier hablando con sus padres:

1) In your computer you can't, *pero tú estás hablando de la cámara que se pone arriba*. (Inter.)

2) Bien, tengo *a guest coming, and I was warned to be in town around five o'clock*. Va a estar el fin de semana. (Intra/Inter.)

3) Hay *mosquitoes everywhere*. (Intra.)

4) No, esta vez no, y ella pensaba que él *was in Thanksgiving. She thought he was there last week but she was funny. Fuimos Angie, Óscar, Jennifer, Don y Tita*. (Intra/inter.)

5) Then we talk to her. It was funny, she is pretty alert; *empezó a repetir algunas cosas y nosotros nos empezamos a reír. Después ella paró y dijo, "Yo dije eso hace un minuto"*. (Inter.)

6) Tuvieron un *sixty per cent inflation rate.* (Intra.)

Elvirita en los siguientes ejemplos está hablando con sus padres en todos los ejemplos menos en 11 y 12, en los cuales está hablando directamente con su hermano Javier.

7) No normal person eats dinner, *a las siete de la noche.* (Intra.)

8) Paso un día de esta semana. Hoy hay mucho hielo. *I think that you should put the aire purifier.* (Inter.)

9) No porque fui *down, I didn't go up, I went down.* (Intra.)

10) ¿La luz verde está? Y, ¿no tiene olor*? I have to check out the motor or something.* (Inter.)

11) It goes well with *esa camisa que Janet te regaló."* (Intra.)

12) Or even blue jeans. *¿Tú no trajiste suéter?* (Inter.)

Aquí, también, en el (9), "I didn't go up..." representa una continuación en el idioma de un cambio intra-oracional, "down", y no un cambio en sí.

Antonio hablando con su padres.

13) Porque ahí es donde van a tener los *headquarters.* (Intra.)

14) Don't you miss a day like today, *allá en el centro.* (Intra.)

15) Quizás la semana que viene. Estoy cansado. Si no la semana que viene el *weekend.* Yo hable con ella *briefly.* (Intra/Intra.)

16) You were better off *en la ciudad.* (Intra.)

17) Van a cerrar. Van a *move the corporate headquarters.* (Intra.)

18) Y*o sé,* that is how you have to live. You never know. (Extra. en español)

En estos ejemplos de los informantes de 2G de Filadelfia, fue observado que de un total de 13 CC intra-oracionales 3 son de una palabra, 1 de dos, y 9 de más de dos palabras. En los CC de una palabra hay dos nombres en 13 (headquarters), y en 15 (weekend); un adverbio en 15 (briefly). El ejemplo de dos palabras en 3 está compuesto por un nombre seguido de un adverbio (mosquitoes everywhere). Todos los CC intra-oracionales se han hecho del español al inglés menos en 11, 12 y 14 y 16, éstos se han hecho del inglés al español, y los primeros han sido en conversación de Elvirita con su hermano Javier y los últimos en los ejemplos de Antonio.

En los CC intra-oracionales en estos textos es de notar que los informantes de Miami, efectuaron un total de 11 y los de Filadelfia un total de 13, los primeros efectuaron 8 CC de una palabra al inglés y 3 de dos palabras, no haciendo ningún cambio de código de más de 2 palabras, mientras que los de Filadelfia de un total de 13 CC efectuaron 3 CC de una palabra, uno de 2 palabras, y 9 de más de 2 palabras.

El hacer cambios de código intra-oracionales de más de 2 palabras por parte de los informantes de Filadelfia puede denotar una necesidad de mayor comodidad de expresarse en inglés que la que puedan tener los informantes de Miami.

Los informantes de Miami de un total de 19 cambios, incluyendo los intra e inter-oracionales, realizaron 16 (13-intra. y 3-Inter.) del español al inglés y 3 cambios Inter-oracionales del inglés al español.

Los de Filadelfia realizaron un total de 21 CC, 11 (9-Intra. y 3 Inter.) del español al inglés, pero 10 (1-Inter. y 9-Intra.) de una base en inglés al español.

Los números que han sido utilizados aquí, han sido usados por el apoyo que dan a las observaciones impresionistas de este estudio, no porque este estudio pretenda ser cuantitativo. La observación de que se utilice más como lengua matriz el inglés por parte de los informantes de Filadelfia que los de Miami, hecha de manera impresionista o etnográfica aquí, unida a otras observaciones hechas en este trabajo, nos puede indicar que hay una mayor facilidad en el uso del español por parte de los informantes de Miami, al utilizar éstos en más ocasiones el español como lengua matriz. Hay que recordar que todos los cambios anteriores han tenido efecto en la presencia o en conversación directa con miembros de la primera generación, ya que como ha sido observado anteriormente cuando los informantes de la 2G hablan entre sí, faltando la presencia de un miembro de la 1G, lo hacen en inglés.

8.6.3. Cambios situacionales

La circunstancia de diglosia parcial que ha sido observada en este estudio a grandes rasgos obedece a influencias situacionales, más específicamente al cambio de interlocutores. Los de la segunda generación utilizan el inglés entre sí, pero cambian al español para interacciones con la primera generación, con frecuencia en situaciones familiares. De hecho este tipo de separación situacional les ayuda a los miembros de la segunda generación a separar los dos idiomas.

Dentro de esta diglosia parcial Cambios de Código específicos de tipo situacional ocurren en momentos en los que la 2G se pone en contacto con la 1G. Veamos el siguiente ejemplo de una conversación en el día de la boda de Laureanín y Maribel, celebrada en Filadelfia; Laureanín es primo hermano de Javier. Participantes: 1G; José, 2G; Olga Marie y Javier.

Javier: Did you call his home? Did you call his home?
Olga Marie: Nothing.
José: Las llaves de mi carro. ¿Dónde están?
Javier: Arriba...

Javier conversa con su prima en inglés, pero contesta la pregunta de su papá en español. Otro caso de cambio situacional ocurrió en la ocasión de una conversación en Fort Lauderdale en casa de Javier, participantes: 1G; Olga, Óscar, Elvira madre y José, 2G; Javier, Olga Marie y Oscarito.

Javier: (dirigiéndose a sus primos) Papi, confused the turnpike with 95.
Olga Marie: There is a way.
Javier: (dirigiéndose a su padre) Tú coges el Palmetto. No es tan difícil.

El cambio al español ocurre cuando Javier se dirige a su padre. En la ocasión de esta conversación se pudo notar que había dos grupos formados uno de la 1G y otro de la 2G, la primera generación hablando español y la segunda hablando en inglés.

El siguiente es un ejemplo conversacional grabado en un almuerzo al aire libre en la casa de Óscar y Olga en Westchester, Dade County. Participantes: 1G: Óscar, Olga, Elvira madre y José. 2G: Oscarito, Javier, Olga Marie.

Olga Marie: You better get a woman quick.
Oscarito: What about Hair Club for Men?
Javier: I don't know. Tell me about it.
Olga Marie: I don't know. How do you spell *guayaba*.
José: En el aeropuerto se pueden comprar pastelitos de guayaba.
Javier: No creo, *chief.*
Olga Marie: Están las moscas aquí de ¡película!

Nótese en el ejemplo anterior el cambio de inglés a español cuando interviene en español un miembro de la 1G.

Este último ejemplo de cambio situacional ocurrió en un almuerzo al aire libre en la casa de Olga y Óscar padre en Cayo Largo, Florida. (1G: Olga, Óscar padre, José; 2G: Waldo, Javier.)

Waldo: How much do you weigh now?
Javier: One ninety eight.
Waldo: That's too much!
Waldo: (a José) Oye, ¿Dónde está Antonio?
José: Trabajando, trabajando, trabajando. (Antonio, hijo de José y Elvira tiene un trabajo en cual tiene que trabajar largas horas)
Waldo: (a su padre) Papi, papi está crudo por dentro.

8.6.4. Cambios metafóricos

En el contexto de la conversación de la segunda generación en la presencia de la primera generación, también ocurren cambios metafóricos asociados con el mensaje o la expresión del mensaje de la comunicación. Estos cambios sirven para marcar el contenido o un segmento de la conversación como importante o diferente.

Como se ha dicho al principio de este capítulo los cambios metafóricos son aquellos que se utilizan para cambiar de tópico, para dar énfasis, para expresar solidaridad, para representar una esfera de interacción social, etcétera. A continuación veremos ejemplos de estos cambios y de cómo ellos son usados por los participantes.

Provienen de múltiples interacciones en la presencia de la primera generación.

Javier: At what time is the fight?
Waldo: Eleven thirty, twelve o'clock, *a las doce de la noche.* (Repetición y clarificación del contenido en español)
Javier: Yo quiero saber cómo ellos se sienten cuando Fidel Castro le llame a su hija un gusano, un *traitor.* (clarificación mediante una repetición)

Javier: The lady said, "*eso no se hace*, you don't do that. You drink out of a glass. (cita con repetición)
Olga Marie: They are hippies, *son hippies.* (énfasis mediante una repetición)
Olga Marie: ¡Qué día más lindo! *What a beautiful day!* (énfasis mediante una repetición)

Elvirita a su hijo de 3 años: Dale un beso a abuela Andrea. (abuela materna de Elvirita) *Now!* (énfasis mediante una exclamación)
Olga Marie: We are talking five years, *estamos hablando cinco años*, pero no importa. (énfasis, clarificación mediante una repetición.)
Olga Marie: Jay. Ah. Jay es mejicano. La esposa es la *partner* (en el trabajo de Waldo)... (esfera de trabajo)
Antonio: Porque ahí es donde van a tener los *headquarters.*" (esfera de trabajo)
Oscarito: Pero, ¡es de *High School*! ¿No? (esfera de estudios secundarios)
Olga Marie: No, es de *special ed.* (esfera de la educación)
Javier: Y en Ecuador quieren hacer la misma cosa para aguantar el *inflation* un poco. (esfera de la economía)
Antonio: ¡Ah! No puedo. Tengo *Boy Scouts.* (esfera de la experiencia en los Estados Unidos)

En realidad es que también los pocos cambios de código observados en el habla de la primera generación en conversación con la segunda también sirven funciones metafóricas.

Olga: Javy, está *beautiful* el apartamento... (énfasis)
Óscar padre: ...empezó a trabajar en un *junkyard.* (esfera del trabajo)
Óscar padre: ...dice que lo que lo que hace es *disrupt the classes.* (esfera de la educación)

Podemos observar que el fenómeno del cambio de código tal y como se observa en lo anterior muestra tendencias notables a nivel de la gramática, y de la función situacional o metafórica de los cambios. Los cambios de código entre estos cubanos aunque no tan frecuentes como entre grupos mexicanos o puertorriqueños americanos son de los tipos inter-oracional, intra-oracional, y etiqueta que se han observado para otros grupos y tienen funciones sociales y comunicativas también reconocidas para estos otros grupos.

En resumen de acuerdo con lo visto en este capítulo las dos poblaciones de informantes de segunda generación presentan similitudes y diferencias. En cuanto a las similitudes se ha observado que los informantes de segunda generación no realizan Cambio de Código al español cuando hablan entre ellos sin la participación directa de la primera generación. Otra similitud es que cuando ellos hablan con una persona de la 1G lo tratan de hacer en español, aunque los informantes de 2G de Dade County demuestran que pueden mantener una conversación más extensa en español sin tener que recurrir al inglés. También hemos observado que dos de tres informantes de Filadelfia cambian frecuentemente al inglés aun hablando directamente con miembros de la 1G y que el tercero trata de mantener la conversación en español sólo recurriendo al inglés para efectuar cambios léxicos.

Los resultados para el Cambio de Código aquí no se alejan mucho de los de Poplack (2000) y de Valdés (1982) para las comunidades puertorriqueñas y mexicano-americanas respectivamente. Individuos con más dominio del español, el caso de los de 2G en Miami en comparación con los de Filadelfia manipulan la gramática para cambios más cortos y con fines retóricos claramente definidos. Individuos con menos dominio en el español tienden a hacer cambios más largos frecuentemente de tipo interaccional al inglés reflejando su preferencia para o mayor comodidad en esa lengua.

Capítulo IX

Características del español de los informantes, primera y segunda generación

En este capítulo veremos las similitudes y las diferencias del español de los informantes, enfocándonos en el habla de los de la segunda generación, en varios contextos; fonológico, y gramatical incluyendo éste último el uso o el no uso del imperfecto, subjuntivo, y el diminutivo. También se estudiarán el uso de modismos y la complejidad de la oración por el uso o no uso de cláusulas subordinadas.

9.1. El mantenimiento del español cubano

Primero miraremos la cuestión del mantenimiento del español cubano desde el punto de vista fonológico. Como ha sido dicho anteriormente los abuelos a excepción de Laureano, el cual nació en España y vino a Cuba a la edad de 12 años, vinieron de la región dialectal de La Habana y de Matanzas. Los padres también vinieron de la región dialectal de La Habana y Matanzas, con la excepción de Óscar padre, el cual vino de la región de Las Villas. Los informantes recogen en su hablar las características de la zona dialectal de estas regiones:

Abajo vemos algunos de los rasgos fonológicos característicos En la primera y segunda generación, los padres y los hijos respectivamente. Entre paréntisis han sido colocadas las formas completas correspondientes a las formas dialectales.

9.2. Falta de /d/ intervocálica y final

Primera generación

Olga: Oye de v*erdá* (verdad) que se come mucha mierda siendo abuelo ¿*Verdá?* (verdad)
José: Y, ¿*va to'* (todo*) el* mundo pa'llá?

Segunda generación

Javier: Ten *cuidao* (cuidado) caminando por la calle.
Javier: Arriba al *lao* (lado) del televisor.
Olga Marie: La *pesá* (pesada) esa. Yo creo que la "bañan *demasiao* (demasiado).
Antolio: No se que *lao* (lado) por ahí.

9.3. Apócope de la preposición para

Primera generación

Olga: 'Sí, tú viene *pa'cá* (para acá).
José: Yo, tiro *pa'llá* (para allá).

Segunda generación

Javier: ¿Tú le llamaste a Lidia *pa'* (para) su cumpleaño (s)?

Óscar: La semana que viene se muda el inquilino y no(s) vamo(s) *Pa'rriba* (para arriba.)
Waldo: Esta mata me la vas a regalar *pa'* (para) mi casa.

9.4. ELISIÓN DE LA /S/

En la primera generación es cosa común en el habla familiar.

Segunda generación

Javier: Pá, ¿Por qué no *pone*(s) el screen?
Olga Marie: Tampoco, ¿Por qué, qué *hace*(s) con lo(s) *pie*(s)?
Elvirita: ¿A ver si *puede*(s) abrir esto?
Antonio: Ello(s) tienen sixty plants *nosotro*(s) *tenemo*(s) cincuenta.
Óscar: Con *lo*(s) amigo(s) era todo en *ingle*(s).
Waldo: Dame el vuelo que *nosotro*(s) *estamo*(s) a *do*(s) *minuto*(s) de aquí.

Como se puede observar por lo anterior, los hablantes de la segunda generación reflejan en su habla rasgos fonológicos de la primera generación, así como el de la generación de los abuelos. Esto es común en ambos grupos de informantes, los de Miami y los de Filadelfia, lo que puede indicar que el número de años de educación no ha influido en la fonología de los informantes, sino que ha habido una influencia mayor en ellos por parte de los miembros de la primera generación.

9.5. COMPARACIÓN DE LA FLUIDEZ DEL ESPAÑOL ENTRE LA PRIMERA Y LA SEGUNDA GENERACIÓN

Siguiente veremos algunos ejemplos en relación a la fluidez en el español, de los informantes de la primera y de la segunda generación. Las siguientes cifras se obtuvieron dividiendo el número total de sílabas producido en un segmento de conversación, incluyendo las pausas, por el tiempo medido en segundos para producir el segmento de conversación. Multiplicando el resultado por sesenta lo cual nos da una cifra, expresada ésta en sílabas por minuto (Description and Measurement of Fluency and Speaking Rate: Segmental Analysis).

Ejemplo:
Las/ her/ma/nas/ de/ Chi/cho/ que/ son/ pro/fe/sio/na/les.
14 sílabas entre 2 segundos x 60 (segundos) = 420 sílabas por minuto.

Segunda Generación:

Miami

Olga Marie	Oscarito	Waldo
406	511	516

Filadelfia:

Antonio	Javier	Elvirita
362	430	557

Primera Generación:

Olga	José	Óscar padre	Elvira
441	498	499	621

Teniendo en cuenta lo anterior, es de notar que en segmentos conversacionales en los cuales se midieron las sílabas por minuto, de los informantes de Miami, 2 de 3 produjeron más de 500 sílabas por minuto, y el otro informante más de 400.

De los informantes de Filadelfia, 1 produjo más de 500, uno más de 400 y uno por debajo de 400.

Mientras que los informantes de la primera generación tres de ellos produjeron a nivel de 500 o más, y nadie por debajo de 400.

Esto puede indicar que en cuanto a la fluidez del idioma, los informantes de Miami se acercan más a la primera generación que los informantes de Filadelfia.

Observaciones sobre el uso del diminutivo, de modismos y cubanismos, del imperfecto del indicativo, del presente del subjuntivo, así como también la complejidad de las oraciones por parte de la primera generación y de la segunda generación.

Primeramente veremos ejemplos de la 1G, para darnos una mejor cuenta de cómo la manera del hablar se refleja en la 2G.

9.6. USO DEL DIMINUTIVO, DE MODISMOS Y CUBANISMOS, DEL IMPERFECTO Y DEL SUBJUNTIVO

Informantes de la primera generación

Uso del diminutivo:

Aquí predominan los sufijos, "-ito" e "-ico".

Isabel, madre de Olga y José y abuela de los seis informantes: "Fuimos a comer y entonces Elvira (hija) lo trajo en una *canastica* que tiene ella, lo puso al lado de ella." (refiriéndose a Agustincito su biznieto)

Isabel: Está *calentico.* (refiriéndose al café)
José: Sí, pero formal, yo le dije (a Javier) ¡Coño! Yo voy con mi *saquito* de viaje y mi corbata.
Olga: Entonces ella estaba como *loquita.*
Olga: Ella me dijo que ese es uno de los *mejorcitos* lugares que hay.
Olga: Tienen que echarle *hielito.*

Modismos y cubanismos:

Primera Generación, Olga y Óscar. (Dade County)

Óscar padre: Y los dos estaban *por la libreta.*
"En relación con el modo de comportarse una persona: sin respetar las normas de conducta consideradas convenientes." Cuba: "por la libre; por la calle del medio." (Diccionario del Español de Cuba [DEC] 2000: 102).
Olga: *…hay que montarse en patines* y ya yo estoy montada en patines. Coloquial. "Trabajar con rapidez, especialmente por falta de tiempo." (DEC: 407).

Uso del diminutivo:

Waldo: No, él estaba un poco más *gordito.*
Olga Marie: *Pobrecitos*, sí es verdad, si es verdad. Yes, they are they should, it takes special person to take care of kids like that.
Waldo: Los hispanos que hablaban en casa eran una clase diferente. Era you know más adelantados, los *americanitos* you know eran otra clase.
Oscarito: Tienes un *cigarrito* ahí Pepe.
Olga Marie: Yo llevaba abuela ahí, al lado de la *escuelita.*
Oscarito: ¿Tienes un *poquito* de jugo?

Segunda Generación Waldo, Olga Marie y Oscarito. (Dade County)

Waldo: Tuve que salir como loco, *como un cohete.* (salir rápidamente no encontrado en el DEC).

Waldo: Mira que eres *maceta.* Aquí Waldo utiliza el término como sinónimo de tacaño, mas sin embargo el DEC, lo define como, "Persona que se ha enriquecido con el tráfico ilegal de mercancías, o como una persona de piernas gruesas." (DEC: 337).

Waldo: Vamos a salir todos. Que hay un calor aquí *¡del carajo!* "Se usa, al final de un relato, para enfatizar el carácter inusual o sorprendente de lo que se dice" DEC: 115).

Olga Marie: Él *es buena gente.* "Persona simpática, comprensiva y servicial" (DEC: 275).

Olga Marie: *Está de madre.* Sí, ahí toda la categoría *está de madre.* (refiriéndose a como hablan el español los cubanos de 2G nacidos y criados en lugares fuera de Miami). "Refiérese a algo muy malo" (DEC: 339).

Olga Marie: Javier viene a comer mañana por aquí. Tú sabes que él *es un arete.* (hablando jocosamente de su primo Javier). " Aprovecharse alguien de los demás haciéndose invitar o no pagando las cosas que utiliza o los servicios que recibe." (DEC: 39).

Olga Marie: *Eso es un embarque.* Nosotros vinimos a este país para mejorarnos. (Refiriéndose a la posibilidad de que su primo Javier se case con una persona que no tiene estudios). "Participar en una empresa que no tiene posibilidades de triunfo." (DEC: 226).

Olga Marie: ¡Están las moscas aquí de *película!* (En una comida al aire libre.) (Se utiliza para describir una situación fuera de lo común. Expresión muy usada por la 1G y reflejada en uno de los informantes de Miami, proviene de situaciones increíbles que tenían lugar en las películas de Hollywood, películas que veía gran parte de la población cubana antes de la revolución. Puede ser que esta expresión no se use por la población actual de Cuba debido a que desde los años 60 no han entrado películas de Hollywood en Cuba, debido esto a la falta de relaciones comerciales entre Cuba y los Estados Unidos, quizás por esta razón este término no fue encontrado en el DEC).

Oscarito: Estoy echándole un poco *más candela* porque, ahora con Jennifer embarazada tengo que, voy a terminarla aún bastante más rápido. (refiriéndose a su casa).
"Proceder con rigor en una situación determinada, generalmente para lograr un objetivo." (DEC: 108)

Ahora veamos a los representantes de la segunda generación de Dade County, en su uso del imperfecto del indicativo y del presente del subjuntivo, que demostraron seguir formas estándares de acuerdo con el habla de la primera generación.

Uso del Imperfecto del Indicativo

Waldo: ¿Qué es lo que tú *querías?* ¿Que uno de ellos vaya? "OK, todo el mundo no lo toquen, ¡Pum!" ¿Eso es lo que tú *querías*? Bueno, ellos no lo *querían* tampoco; por eso le *estaban* tratando de hacer lo que *estaban* haciendo.

Waldo: Pero, eso *era* child abuse.

Waldo: Hasta, hasta eso *era* en elementary y después en Junior High, igual en High School. Era si tú *querías,* yo lo cogí en el décimo y después de ahí, no, no quise más.

Olga Marie: Bueno, todas mis amigas *sabían* español, pero yo *hablaba* inglés con ellas.

Olga Marie: Ahora están en Coconut Grove bailando...La semana pasada yo *estaba* en Coconut Grove, el día del seminar que fui para allá, y *tenían* como veinte de ellos.
Oscarito: Javier me dijo que *iba* a traer Cohíbas y no trajo nada.
Oscarito: Ella gana el doble de lo que *ganaba* aquí.
Oscarito: Porque el parqueo de High School era un parque grande y *había* una entrada y una salida.

Uso del presente del subjuntivo

Olga Marie: Después es muy difícil que se *case*.
Olga Marie: Déjalo que *coma* cuanto quiera.
Oscarito: Tú me tienes que dejar un inheritance para que te *cuide* cuando *estés* todo decrépito para que te *cuide*.
Oscarito: Pero, que Francisco lo *haga* es diferente que lo *haga* Silvia.

Informantes de Filadelfia

Uso del diminutivo:

También encontramos el uso del diminutivo pero con menos frecuencia y más comúnmente en el contexto de los cambios de código y las frases sencillas que caracterizan a este grupo.

Elvirita: ¡Agustín ya vale! ¡Ya estás *loquito*! You need time out! You need time out! Because we are going to go home.
Javier: Déjame pensarlo un *poquito*.

Modismos cubanos:

No se halló ningún ejemplo en los informantes de Filadelfia.

Uso del imperfecto del indicativo:

Entre los informantes de la segunda generación de Filadelfia encontramos casos del uso del pretérito donde se espera el imperfecto, o viceversa.

Javier: Cada vez que tú lo *llamaste* (llamabas) para contestar una pregunta *decía,* Jesus Christ."
Javier: Porque para seis meses cada vez que me *vio* (veía), y ¿la llave?, y ¿la llave?
Javier: Después se montó en el carro con Tita porque, no se *quería* meter en el carro conmigo.

Uso del presente del subjuntivo:

En los siguientes ejemplos nos encontramos que sólo en el primer ejemplo fue usado siguiendo una forma estándar del presente del subjuntivo mientras que en los demás ejemplos, en situaciones de un futuro no real de duda y de petición, observamos la presencia del indicativo en vez del subjuntivo.

Elvirita: Abuela, que se *caiga* y si se cae va a llorar y yo no lo voy a coger.
Javier: Revísalo en el futuro antes que *vas* (vayas) a viajar.
Javier: No creo que *están* (estén) haciendo nada con los E-Mail que yo les envío.

Javier: ...pero no atrás en caso de que *viene* (venga) un perro.
Javier: Le voy a pedir a María que te lo *hace* (haga).
Javier: En caso de que la próxima vez que el *viene* (venga), tú no *estás* (estés) aquí.

Otros errores gramaticales:

Elvi: Pero no voy a hacer muchos appetizers porque conociendo a mi hermano y el come y *vâyate* (se va).
Javier: Hey, hey thats mine! ¡No lo *toca* (toques)! (hablando con su sobrino)
Javier: Porque *para* (por) seis meses cada vez que me *vio* (veía), y ¿la llave?,y ¿la llave?

En los ejemplos anteriores de los informantes de Filadelfia, predominan los ejemplos de Javier; esto se debe a que Javier al vivir en la zona de Fort Lauderdale fue posible el recoger más conversaciones de él con sus primos, los informantes de la Florida, y a consecuencia de esto ha sido posible obtener más data del mismo en español. En el caso de los informantes de Miami, éstos no tuvieron dificultad en hacer un uso mayor del español, y por consiguiente más ejemplos pudieron ser obtenidos de su habla, con un mínimo de CC al inglés; también como se ha visto anteriormente cuando estos cambios han sido hechos han sido en su mayoría de una o de dos palabras.

Haciendo comparaciones entre los informantes de la 2G de Miami y Filadelfia, se puede notar que los informantes de Miami hacen uso del subjuntivo correctamente, mientras que en los de Filadelfia sólo se pudo hallar un ejemplo del uso correcto del subjuntivo. Lo mismo sucede con el uso del imperfecto. El uso del diminutivo, más activo entre los de Miami, puede indicar un mayor contacto con el español ya sea activa o pasivamente. En la categoría de "otros errores gramaticales" no se halló ningún ejemplo en los informantes de Miami. Modismos y cubanismos hallados frecuentemente en el vocabulario de los informantes de Miami no fueron encontrados en los informantes de Filadelfia.

Lo anterior puede indicar que los informantes de Miami tienen un uso más completo del español, reflejando en su habla más características de la 1G.

9.7. COMPARACIÓN EN EL USO DE ORACIONES COMPUESTAS, SUBORDINADAS Y COORDINADAS, POR PARTE DE LOS INFORMANTES

Note. ( ) indica una oración subordinada, // indica una oración coordinada. Las inserciones son mías y las mismas están entre corchetes, [ ].

Generación de los abuelos y primera generación

Aquí examinamos la complejidad de la oración en esta muestra de cubano-americanos. Empezamos por presentar ejemplos de oraciones de la generación de los abuelos y de la primera generación. Isabel, la única que permanece viva de los abuelos, madre de José y Olga, y abuela de los informantes de Miami y de Filadelfia.

> "Una vez [a] nosotros nos tocó ir a una fiesta (que íbamos con Andrea [mamá de Elvira madre, y abuela materna de los informantes de Filadelfia] yo y el perro en el medio) // pero el perro iba arriba de Andrea. Entonces yo lo agarré (hasta que llegamos allá, todo, todo el viaje) (que era como de dos horas el perro arriba de Andrea.")

Elvira Madre (hablando sobre la operación de una amiga):

"Pero parece que no, (que no está nada más que vomitando y vomitando y vomitando), //y no pueden. Tenían que pasarle (parece que) un tubo // y la operación esta mañana// y pasó (porque creían que no (que a lo mejor no pasaba la operación)), //y hablé con Elvirita, (hace como dos horas) // y sí, dice que sí, (que ya ella salió.")

Elvira madre (hablando con una amiga, sobre otra amiga):

"Porque ella llamó aquí agradeciendo, (cuan…, cuando se fue M. [madre de la amiga la cual estaba en un asilo de ancianos] dando las gracias cada vez (que pasaba algo con M.)) // y hablaba conmigo diciendo (si estaba mala o eso // y más nunca llamó.)"

José hablando con Óscar padre:

"No por allá hay unos parqueos muy buenos y muy grandes, no por allá por atrás del "Viajante" [restaurante cubano en Miami Beach] (donde yo parqueaba) (cuando iba al hotel (que Javier nos dio un día o dos días.))"

Olga hablando por teléfono desde Miami con su hermano José, sobre el buscarle un nuevo asilo de ancianos a Isabel, madre de éstos, ya que la casa donde ésta estaba corría el riesgo de cerrar por falta de ancianos:

"Y entonces está buscando desesperada viejas [refiriéndose a la dueña de la casa donde estaba Isabel] //y yo le estoy buscando, // pero es verdad (que no hay viejas) (porque es como todo). Hay mucho de esas casas aquí en Miami en el área de acá //y entonces están locos buscando viejas. Algunas son buenas. La mayoría es mala //y es un problema grande (lo que hay entre manos). Entonces (si Gloria [dueña de la casa donde estaba Isabel] cierra), hay que montarse en patines. Ya yo estoy montada en patines."

Informantes de la 2G de Miami

Waldo en la entrevista personal contestando la pregunta de ¿Cuántos años estudiaste español en la escuela?:

> "En el tercer grado no hicimos nada (porque you know era baby sitting). Ella, la maestra, nos dio un periódico // y copiar ahí del periódico // y me aburrí mucho // pero, pero sabe (que en la primaria yo creo, creo (que todo el mundo tenía (que coger Spanish todo el mundo)) // y (lo que hicieron) es (los, los, que ya los hispanos (que hablaban en casa) eran una clase diferente); eran you know más adelantados. Entonces los americanitos eran otra clase // pero todo el mundo at least en mi escuela en Miami tenía que coger Spanish."

Olga Marie hablando en un grupo compuesto de 1G y 2G.

> "Un vecino mío en...(que vive en el primer piso) (porque en el primer piso es donde se ve mejor la vista) (porque (si tú estás arriba) tienes que ir hacia la ventana para poder ver los botes) // pero (cuando tú estás en el primer piso), tú te puedes sentar en tu living room// y puedes ver [verlo] todo."

Óscar hijo, en un grupo, 1G (Olga, Elvira y José; 2G (Óscar, Javier, Olga Marie). Hablando sobre los problemas que tiene con la vecina de al lado de su casa.

> "...que había ahí, //y entonces la vista de ella es el canal. Esto era toda la vista // y no había cerca. Yo puse la cerca por la perra// pero, pero, nadie tiene cerca, y yo puse, yo puse las dos cercas //y entonces (cuando ella, cuando nosotros nos mudamos) la primera cosa (que ella nos dijo) es (que, que no le tumben la vista) //y (que por favor tumben la mata que está, está en el frente) (porque la mata le deja las hojas.)"

Informantes de la 2G de Filadelfia

Elvirita: (Relatando a sus padres una conversación con su abuela paterna)

> "Yo dije, «(abuela cuántos cumples este, este año.)» Dice, «(Pero yo digo mi edad. Yo tengo noventa)» [En realidad cuando esta conversación tuvo lugar Isabel tenia 100 años.]"

Elvirita hablando con sus padres:

> "Sí, porque estoy pensando. (Si viene aquí) ella nunca se va. (Si voy allá) puedo irme en diez minutos, con la excusa (que éste [refiriéndose a Agustincito hijo de Elvirita] está cansado.)"

Javier en la entrevista personal, hablando sobre su juicio cuando los cubanos americanos cambian de código usando el inglés y el español en un discurso.

> "No, no porque yo noto eso. (Cuando la gente lo hace) me molesta un poco. Yo veo a muchos cubanos en Miami, *second generation*. Lo hacen //y eso me molesta un poco. Entonces, yo noto (cuando la gente lo hace) //y no me gusta."

Javier hablando sobre una prima la cual vive en California que le quitó las uñas a sus gatos:

> "Sí, pero estos gatos, primera cosa, no salen. Segunda cosa, tú le puedes quitar las uñas de alante //pero no atrás en caso de (que([si] viene un perro), puede enca..., encaramarse por los árboles, (si tiene de atrás no de alante.))"

Javier narrando una experiencia en la cual casi tiene un accidente automovilístico:

> Casi me morí yo //y Waldo iba como a cuarenta millas por hora //y eh...había un ambulance delante de mí (que pasó quería pasar), //y yo fui a darle a los frenos //y los frenos no hacían //y en vez de darle por atrás, yo me metí en la línea de tráfico (que venía para acá.)

Viendo lo anterior sobre la complejidad de las oraciones entre la primera generación y las segundas generaciones de Miami y de Filadelfia, se puede observar que la primera generación hace frecuente uso de las cláusulas subordinadas, y también de "multiple embeddings", cláusulas subordinadas dentro de otras cláusulas subordinadas así como también la segunda generación de Miami. Observando los ejemplos de la 2G de Filadelfia, se puede notar que estos informantes hacen menos uso de las cláusulas subordinadas y de "múltiple embeddings" manteniendo sus oraciones más simples y más cortas y haciendo uso más frecuente de las cláusulas coordinadas. El mayor uso de cláusulas subordinadas como en el caso de la primera generación y la segunda de Miami, este caso puede obedecer a un mayor dominio del idioma. Esto con respecto especialmente a las reglas para la colocación de oraciones subordinadas en una variedad de frases nominales, adverbiales, y adjetivales.

9.8. CONCLUSIONES

Se puede determinar por lo expuesto anteriormente primero que con respecto al cambio de código, este sí se produce espontáneamente entre estos informantes aunque en términos generales tienden a separar las lenguas. El español se usa entre la primera generación que usa el inglés solo para la comunicación con personas que no saben español. El inglés es usado por la segunda generación entre sí y para comunicación con los que no saben español. Para esta generación predomina el español en conversación con miembros de la primera generación. Sin embargo, el cambio de código ocurre en este último contexto por motivos relacionados especialmente con la identidad del interlocutor y con la expresión del mensaje: énfasis, contraste, falta de vocabulario, o contexto cultural.

También se ha notado que cuando los informantes de Miami tienen una conversación directa con los miembros de la 1G lo hacen mayormente en español, mientras que los informantes de Filadelfia aunque intentan hablar en español recurren al CC por necesidad léxica.

Con respecto al mantenimiento del español cubano en cuanto a los rasgos fonológicos, a pesar de los años de instrucción formal en español de algunos de lo informantes, éstos reflejan la forma dialectal de los hablantes de la primera generación, aunque puede haber menos rapidez o fluidez en el habla de la 2G de Filadelfia. También parece cierto que hay una mayor competencia en el uso del español por parte de los informantes de Miami, siendo esto demostrado por el uso del diminutivo, el imperfecto, el subjuntivo, por el uso de modismos, y últimamente por el mayor uso de oraciones subordinadas.

Capítulo X

Epílogo

10.1. Prestigio del español en Dade County

Para el mantenimiento del español creemos que un factor que ha influido mucho, aparte de la mayor práctica del español en los informantes de Dade County, es que en Dade County el español es una lengua de prestigio, mientras que en Filadelfia, cuando los informantes en esta ciudad estaban en sus años formativos no lo era. Según Ramírez, "el español cubano es la variedad de prestigio en la zona de Miami" (Ramírez 1992: 35).

A este prestigio ha contribuido, por ejemplo, que a finales de la década de los 80 había 20,000 negocios en Dade County en manos de cubanos; 5,000 médicos cubanos ejercían en Miami; 20 cubanos eran gerentes de entidades bancarias; y 400 eran subgerentes. 60 compañías distribuidoras de automóviles y más de 500 distribuidoras de alimentos (bodegas, supermercados, etc.) estaban en manos de cubanos (Soruco 1996: 10).

En la política, alcaldes de Miami de origen cubano han sido Javier Suárez, Joe Carollo y Manny Díaz. 10 cubanos han sido electos al gobierno estatal de la Florida. (Soruco: 4) En el año de 2002 hay tres cubano-americanos en la cámara de representantes federal siendo dos de ellos por el estado de

La Florida, Ileana Ross-Lethinen y Lincoln Díaz Balart. A lo anterior hay que sumar el gran número de cubanos que forman parte de la docencia, del mundo del entretenimiento y de otras esferas de la vida ciudadana.

Lo anterior ha contribuido y creemos que es el factor más importante al cual se debe que los informantes de Miami no se hayan sentido cohibidos en el uso del español, ya que ese era un idioma el cual no tenía ningún estigma social. A parte de eso cuando los jóvenes de esta familia en Miami visitaban las casas de sus amigos cubanos el idioma que se hablaba en la familia de éstos era el español. Esto ha sido en contraparte con los informantes de Filadelfia, donde en sus años formativos, el español no era una lengua de prestigio en la ciudad, factor que les arrestaba en su desarrollo del español. Todos los amigos de estos informantes eran estadounidenses, y cuando éstos traían amigos a la casa el idioma que se hablaba por deferencia a ellos era el inglés. Creemos que ya en menor o mayor escala, los muchachos cubanos criados en esta zona, debido a la influencia de sus compañeros ya de escuela o de vecindad, sentían la presión de ocultar su identidad hispana, y creemos que esta falta de orgullo en ella los arrestaba en el desarrollo de su español.

10.2. Testimonios de los informantes de la segunda generación sobre la discriminación étnica

A la pregunta sobre la posibilidad de haber sido objeto de discriminación por el ser hispano, dos de los informantes de la segunda generación de Filadelfia respondieron de la siguiente manera.

Elvirita: Dos veces. Una vez cuando estaba en St. Raymond, que un niño me dijo "spic" y (e) hizo como que sprayed (rociaba) el asiento donde yo estaba sentada, con un spray (perfumador). La otra vez en St. Cecilia que un niño me llamó de nuevo "spic".

A la misma pregunta sobre la discriminación, Javier contestó:

> Yo creo que cualquier muchacho, *nobody wants to be different,* nadie quiere ser diferente. Yo creo que al principio con el nombre Javier, y todo el mundo dice, "What's your name?" Tú sabes eso crea como un poco de complejo.

La respuesta de Javier nos puede indicar, que él sentía discriminación indirecta con respecto a su nombre, también esto nos puede indicar que, debido a la presión del medio ambiente, Javier sentía una fuerza social hacia el conformismo.

Lo anterior es apoyado en el estudio de Lamboy (2000) el cual citando a Hayden dice que la discriminación y la hostilidad hace que algunos hablantes de la comunidad puertorriqueña tiendan a suprimir el español.

Contrástese los anteriores testimonios con los de los informantes de Miami.

José: ¿Cuándo joven nunca te sentiste discriminada?
Olga Marie: No nunca, porque yo era mayoría. Las gringas eran *minority.*
José: ¿Sentiste discriminación alguna vez por ser cubano?
Waldo: Durante los años de educación nunca.
José: ¿Cuándo eras joven, sufriste alguna discriminación por ser cubano?
Oscarito: No.

Por los ejemplos anteriores se puede notar que dos de los informantes de Filadelfia sintieron a temprana edad la impresión de que eran diferentes por ser hispanos. Estos dos muchachos se criaron como su hermano Antonio en un vecindario en el Noroeste de Filadelfia, donde ellos eran los únicos cubanos e hispanos, consistiendo el vecindario mayormente de muchachos de diferentes etnias, mayormente italianos, irlandeses y polacos. Lo que los unía a todos era el hecho de que todos eran de familias católicas; iban a la misma escuela y eran de clase media. Así que existía una gran fuerza para el conformismo, no siendo el español uno de los elementos que contribuía a éste.

Este sentimiento de diferencia con sus compañeros de escuela y de vecindario, no se materializó en los informantes de Miami, para los cuales era muy natural el ser cubano, debido a que gran parte de sus compañeros de escuela y vecinos lo eran, y era además un orgullo el ser cubano debido a la importancia, como se ha dicho anteriormente, de los cubanos en todas las esferas de la vida de Dade County.

Un ejemplo nos da una indicación de la influencia del español en la época en que los informantes de Miami estaban en sus años formativos. Es el de Jennifer esposa de Oscarito, informante de Miami de la 2G. Jennifer es de familia estadounidense, pero Jennifer se crió en un vecindario donde vivían varias familias cubanas. Jennifer aprendió el español que sabe por el contacto con los padres y los abuelos de sus amiguitas cubanas, los cuales le hablaban en español cuando Jennifer iba a casa de sus amiguitas.

Veamos algunos ejemplos de conversación de Jennifer:

Jennifer:

> "Nadie ahí trabaja. Todo el mundo que vive en Miami Beach no trabaja; trabaja por la noche en la discoteca y los bares, y todo eso pero en la (el) día se levanta a las once y a las doce. Tú sabe (s), haciendo ejercicio para el cuerpo y sale por ahí hasta las cinco o las seis de la mañana, y al otro día lo mismo."

Y también:

> "Si tú va (s) a comprar una casa y tú va (s) a una persona que cierra tú sabe (s) *the deal*, y ese (esa) la persona que está haciendo el *closing* soy yo."

Jennifer, no sabe ni escribir ni leer el español; también se puede notar por su discurso que ella habla mayormente en presente y comete faltas gramaticales, sin embargo ella puede mantener una conversación en español fluidamente. Ella se comunica en español con los padres de su esposo Óscar, Olga y Óscar padre, así como también lo hace con José y Elvira cuando éstos van a Miami. Ella también ha demostrado interés en que su hija pueda hablar en español, por lo útil que ella considera que este idioma es en el sur de la Florida. De acuerdo con la madre de Óscar la niña de Jennifer y Óscar, Amanda, balbucea algunas palabras en español, porque todavía está muy pequeña; Amanda sólo tiene año y medio de edad.

Pero lo que queremos destacar es que el español que Jennifer aprendió lo aprendió solamente por su interacción con sus amistades cubanas y por la interacción con los padres de éstas. Creemos que lo anterior apoya el hecho de la gran influencia y prestigio que tenía, y aun tiene, el español cuando los informantes de Miami estaban en sus años formativos. De acuerdo con lo anterior Lamboy (2000) cita a Silva-Corvalán (1992) para la cual hay una correlación entre la habilidad lingüística y los lugares donde se usa el idioma. Así vemos que en nuestro estudio los informantes de Miami-Dade County, usaban el idioma en más lugares que los informantes de Filadelfia, cuyo uso del español estaba limitado mayormente al uso en el hogar familiar.

10.3. FUTURO DEL ESPAÑOL EN LA SEGUNDA Y TERCERA GENERACIÓN

En su estudio sobre el uso del inglés y el español entre los cubanos de Miami, Isabel Castellanos (Castellanos 1990: 58) halló las siguientes características: que el español es el lenguaje preferido para dirigirse a los abuelos y personas de su generación, que el uso exclusivo del inglés es dominante entre los esposos de la segunda generación, y que aumenta sustancialmente entre hermanos y hermanas de la segunda generación.

Sostiene la misma autora que hay una evidencia sustancial de un cambio hacia el inglés en las casas de los cubano-americanos y que, "The rate of borrowing from English into Spanish also confirms that English is the dominant language of younger generations of Cuban Americans" (Castellanos: 59).

Coincidimos con Castellanos, en cuanto a este estudio se refiere, que en las casas de la segunda generación sí hay un cambio sustancial hacia el inglés.

En cuanto a, "que el uso exclusivo del inglés es dominante entre los esposos de la segunda generación", ha sido comprobado por este autor para el caso de Miami en el matrimonio de Lidia y Waldo, ambos de segunda generación de cubanos. En la casa de ambos se habla principalmente el español con los miembros de la 1G; ambos vivieron también hasta que dejaron la casa materna con sus abuelas y sus padres. Mas sin embargo cuando hablan entre ellos lo hacen en inglés. En conversación con Olga, madre de Waldo, ésta nos informó que el hijo de Waldo y Lidia, Justin, el cual tiene 2 años y 7 meses, habla mayormente en inglés. Olga indicó también que Waldo y Lidia quieren que él hable en español y cuando se dirigen a él lo hacen en este idioma, pero cuando hablan entre ellos en presencia del niño lo hacen en inglés, lo cual creemos que crea una ambivalencia en el niño, en cuanto a cual idioma debe hablar, ya que observa como sus padres le hablan en español, pero cuando hablan entre ellos lo hacen en inglés.

De acuerdo con Olga, ella siempre le habla en español a su nieto Justin. En este caso vemos que Justin se comunicará en español con sus abuelos, con la diferencia de que Waldo y Lidia, se comunicaban con sus abuelos y sus padres en español, pero Justin sólo lo hará con sus abuelos.

Según Waldo, "Yo le hablo a Justin en español y también Lidia (su esposa) pero entre nosotros hablamos en inglés". En la presencia mía Waldo le preguntó a su hijo "¿Qué quieres hacer hoy? Y Justin le respondió, "I want out *a jugar con unos niños*".

Sin embargo, también en Miami en el caso de Oscarito y Jennifer ésta le habla a su hija Amanda sólo en español y según Jennifer, ella y Oscarito hablan en presencia de su hija en español. Esto fue confirmado por Oscarito el cual nos dijo que, "Jennifer habla con Amanda en español". Como ha sido dicho anteriormente Jennifer está muy interesada en que Amanda aprenda el español, por considerar que el español es una lengua de gran importancia en el sur de la Florida. A más de lo anterior Amanda tiene una niñera Peruana, la cual sólo se comunica con ella en español.

En Filadelfia en el caso de los hijos de Antonio y su esposa Janet, Anthony Joseph y Stephen, de 11 y 8 años respectivamente, debido a que Antonio está casado con una monolingüe en inglés en el hogar familiar sólo se habla en inglés. También debido a que no existe un contacto frecuente con los abuelos paternos los niños no tienen el más mínimo vocabulario en español.

En Filadelfia también tenemos el caso de los niños de Elvirita y Agustín, éste médico español el cual lleva residiendo en Los Estados Unidos 12 años. Sus hijos Agustincito y Gabriel, tienen 7 y 2 años respectivamente. Elvirita y Agustín hablan español entre ellos, utilizando el sistema de que el padre le habla en español a sus hijos y Elvirita le habla en inglés. Sin embargo consta notar, que Agustincito a menudo habla en inglés con su madre y con su padre, y cuando yo y su abuela, Elvira, le hablamos en español, la mayor parte de las veces nos responde en inglés. Agustincito tiene un conocimiento del español mayormente pasivo; su hermano menor Gabriel habla casi exclusivamente en inglés por la influencia de Agustincito, el cual siempre le habla a Gabriel en inglés. Sigue un ejemplo de conversación de Elvirita y Agustincito:

Elvirita: Agustín, I think you need to calm down *si nosotros nos vamos a ver a* Ellen. Calm down, allright. Agustín. Chill!

De hecho, aunque los padres de la segunda generación dicen en varios de estos casos que usan el español con sus hijos, lo que estos hijos escuchan es un cambio de código en el que el inglés tiene un papel privilegiado. Puede ser el idioma de autoridad como en este último ejemplo, o el idioma de los hermanitos (los 'peers'), o hasta a veces el idioma de comunicación entre los padres.

En cuanto a la tercera generación, por las observaciones hechas sobre el uso del español en los miembros de la tercera generación; Agustín 8, Gabriel 4, ambos hijos de Elvirita; Justin 4, éste hijo de Waldo. El español es casi exclusivamente receptivo. La única excepción en la 3G hacia el uso del inglés en detrimento del español es Amanda 3, la cual, como se ha dicho anteriormente, tiene una niñera la cual le habla solamente en español, esto unido al esfuerzo que hace la madre, Jennifer, en hablarle en español.

Sobre el uso mayormente receptivo del español por parte de la población cubano-americana, nos dice Otheguy, "Althought their receptive bilingual ability may last longer intergenerationally than that of other Latino groups in the United

States, their productive bilingual ability may indeed be even less stable than that of their Mexican American and Puerto Rican American counterparts." (Otheguy 2000: 176).

Todo parece indicar, que el español desaparecerá en la tercera generación, a falta de un esfuerzo especial por parte de los miembros de la segunda generación, como puede ser, el uso de tutores en español, estudios extensivos en la escuela, deseo individual por aprender y hablar el español.

Otro factor que puede representar un esfuerzo hacia la asimilación en la sociedad norteamericana es el hecho de que la segunda generación, con excepción de Elvirita y esta excepción se puede deber a que ella está casada con un español, le ha puesto a sus hijos nombres en inglés, Anthony Joseph, Stephen, Justin, Amanda, mientras que la primera generación le puso a todos sus hijos nombres en español con la excepción del segundo nombre de Olga Marie y el de Waldo, que era un nombre que aunque extranjero era usado en Cuba, Antonio José, Elvira Isabel, Javier Alberto, Óscar, Waldo José y Olga Marie.

Como podemos notar por lo expuesto anteriormente, existe la gran probabilidad de que el español desaparezca o tenga una influencia mínima en la tercera generación. Citando a Soruco, (1996: 14); "It is more likely that if there is indeed assimilation among the Cubans of South Florida, it will be manifested in the third generation."

En el caso del presente estudio, hemos visto que esta asimilación ha ocurrido en Filadelfia y también como en el estudio de Soruco está presente entre los miembros de la familia estudiada en Miami.

En cuanto a lo cultural es de notar que por la forma de vestir, de actuar y de pensar cómo la segunda generación se ha adaptado a la sociedad estadounidense. Era de esperar que esta adaptación se efectuara de una manera total en los informantes de Filadelfia, ya que su único vínculo a la cultura y al idioma ha sido el de la familia. Pero es que lo mismo ha sucedido con los informantes de Miami, los cuales han sido criados en un medio ambiente de gran influencia cultural cubana, y era de esperar que hubiera habido una mayor influencia de esta cultura en ellos. Sin embargo aparte del gusto por la comida cubana, y del uso del español frecuentemente en el seno familiar, y ocasionalmente cuando las circunstancias lo demandan, no se ha observado otra diferencia entre los informantes estudiados y cualquier joven estadounidense de la misma esfera social.

Así, que todo parece indicar que el idioma español se mantendrá con vitalidad entre los miembros de la primera generación, con cierta vitalidad en la segunda generación, pero que irá desapareciendo una vez que la influencia de los miembros de la primera generación desaparezca en la segunda generación, y la alta probabilidad de que el uso del español desaparezca totalmente en la tercera generación.

10.4. CONCLUSIONES

Este trabajo se ha enfocado de manera principal en la segunda generación de cubano-americanos, representada ésta por los hijos de cubanos nacidos en los Estados Unidos, en su infancia, educación y su vida presente en lo que concierne ésta al contacto que ellos tienen con el español.

Las dos poblaciones de informantes que han sido objeto principal de este estudio presentan un gran grado de homogeneidad en edades, educación y uso del español cuando eran niños en la vida familiar.

Se ha encontrado que los informantes de la 2G se acercan en la fonología a los hablantes de la 1G, por ejemplo, la aspiración o la elisión de la /s/ al final de palabra, o la pérdida de la /d/ intervocálica en los participios pasados y al final de palabra.

Se ha explorado la idea de la influencia andaluza y canaria en el habla de Cuba, notándose específicamente esta influencia en el dialecto habanero del cual los informantes han sido recipientes a través de la 1G.

Se ha notado que el Cambio de Código en la población estudiada obedece en gran parte a un modo funcional subdividiéndose éste en situacional y metafórico y que cuando el Cambio de Código se estudia desde el punto de vista gramatical éste se manifiesta en la mayor parte de las situaciones como un préstamo léxico. Esto es apoyado por Brinkmann (1997) la cual en su estudio sobre tres generaciones de familias venezolanas establecidas en la zona de North Penn Region de Pensilvania encontró usos funcionales del lenguaje por los niños observados similares al de los informantes de la segunda generación de este estudio, principalmente en el uso del lenguaje en que se demuestran funciones estilísticas tales como el énfasis, la emoción, la atención, la clarificación y la elaboración.

También se ha notado en la población estudiada que el CC solamente se produce en conversación con la 1G ya que cuando los miembros de la 2G conversan entre ellos lo hacen en inglés.

En cuanto a la fluidez del idioma se ha visto que los informantes de Miami demuestran una mayor fluidez en el uso del idioma que los informantes de Filadelfia, lo anterior unido a una mayor facilidad en el uso del presente del subjuntivo, del diminutivo, del imperfecto del indicativo y de modismos cubanos, por parte de la 2G de Miami, así como también en su mayor uso de las oraciones subordinadas acercándose en este uso más a la 1G. Lo anterior puede denotar una mayor facilidad en el uso del español por parte de los informantes de la 2G de Miami.

Se ha visto que una de las variables que puede contribuir a un mayor dominio del español por parte de la 2G de Miami es el prestigio que este idioma ha tenido en la zona de

Miami-Dade County, el mismo ha hecho que los hispanohablantes que habitan en esa zona no se sientan inhibidos en su uso del español, mientras que el español no era una lengua de prestigio cuando los informantes de 2G de Filadelfia eran niños.

Por último hemos explorado ideas sobre el futuro del español en la población estudiada una vez que desaparezca el contacto con la 1G. Hay una fuerte tendencia a creer que el español irá decreciendo en su uso por parte de la 2G siendo eventualmente sustituido por el inglés, llegando a desaparecer completamente de manera activa en la tercera generación.

Se puede determinar que el Cambio de Código es principalmente situacional ya que no es de uso regular en los informantes de la segunda generación y que cuando éste tiene lugar es en presencia de la primera generación, y que se produce frecuentemente por una necesidad léxica en español, aunque otros usos funcionales están presentes. Se ha observado que los informantes de la segunda generación tratan de mantener los dos idiomas delimitados de acuerdo con la circunstancia conversacional, inglés cuando hablan entre ellos y español cuando hablan con miembros de la primera generación.

BIBLIOGRAFÍA

AZEVEDO, M. (1992). Introducción a la Lingüística Española. Englewood Clifs, N.J.: Prentice Hall.

ALARCÓN, F.X., Ohara, M., Rojas, M., Samaniego, F.A. (2001) Mundo 21. Boston: Houghton Mifflin.

BACKUS, A. (1992). Patterns of Language Mixing: A study in Turkish-Dutch Bilingualism. Wieshaden, Germany: Otto Harrassowitz.

BÁEZ, V. (Ed.) (1974). La Enciclopedia de Cuba. (1ra. Ed. Vols. 1-10). Madrid: Enciclopedia y Clásicos Cubanos.

BLOM, J., GUMPERZ, J.J. (2000). Social Meaning in Linguistic Structure: Code Switching in Norway. In L. Wei, (Ed.), The Bilingualism Reader (pp. 111-136). London: Routledge.

BLUSTEIN, H.I., COX ANDERSON, L., BETTERS, E.C., LANE, D., LEONARD, J.A., TOWSEND, C. (1971). Area Handbook for Cuba. D.C.: U.S. Government Printing Office.

BRINKMANN, F.D. (1997). The social life of language in a Venezuelan immigrant family: Aspects of Spanish/English Bilingualism. Doctoral Thesis, Temple University, Philadelphia, PA.1997.

CASTELLANOS, I. (1990). The Use of English and Spanish Among Cubans in Miami. In C. Mesa-Lago (Ed.), Cuban Studies 20 (pp. 49-63). Pittsburgh, PA. University of Pittsburgh Press.

Description and Measurement of Fluency and Speaking Rate: Segmental Analysis. (n.d.) Retrieved October 11, 2003. http://www.Ithaca.edu/cross/COURSES/STUTTERING/Notes/Nature.../Seg % 20 Anal. Htm

Diccionario del Español de Cuba (2000). Español de Cuba español de España. Editores Günther Hoesh, Reinhold Werner. Madrid: Editorial Gredos.

DOMÍNGUEZ, J.I. (1978). Cuba: Order and Revolution. Cambridge, MA: Harvard University Press.

FASOLD, R. (1990). The Sociolinguistics of Language. Cambridge, MA: Blackwell, Publishers.

FASOLD, R. (1987, 1996). The Sociolinguistics of Society. Cambridge, MA: Blackwell Publishers.

GROSJEAN, F. (1982). Life with Two Languages. Cambridge, MA: Harvard University Press.

GUITART, J.M. (1976). Markedness and a Cuban Dialect of Spanish. Washington, D.C.: Georgetown University Press.

HELLER, M. (1988). Codeswitching. Anthropological and Sociolinguistics Perspectives. Monica Heller (Ed.). New York: Mouton de Gruyter.

Historia de Familias Cubanas. (1950) Tomo VI (pp. 382-87). La Habana

HYMES, D. (1964). Toward Ethnographies of Communication. In J. Gumperz and D. Hymes. (Eds.) The Ethnography of Communication. American Anthropologist 66 (pp.1-34).

Instituto de Historia de Cuba (1994). La Corona Evolución Socioeconómica y Formación Nacional. La Habana: Editorial Política.

JACOBSON, R. (1982). The Social Implications of Intra-sentential Code Switching. In J. Amastae y L. Elías-Olivares (Eds.). Spanish in the United States. (pp. 182-208). Cambridge, MA: Cambridge University Press.

LARZELERE, A. (1988). The 1980 Cuban Boatlift. Washington, D.C: National Defense University Press.

LABOV, Wm. (1972). Sociolinguistics Patterns. Philadelphia. University of Pennsylvania Press.

LAMBOY, E.M. (2000). Caribbean Spanish in the metropolis: A study of the Spanish Language among Cubans, Dominicans, and Puerto Ricans in the New York city area. Doctoral Thesis. Pennsylvania State University.

LIPSKI, J.M. (1994). Latin American Spanish. New York: Longman Group.

LÓPEZ MORALES, H. (1970). Estudio sobre el Español de Cuba. New York: Las Américas Publishing.

MENDIETA, E. (1999). El Préstamo en el Español de los Estados Unidos. New York: Peter Lang Publishing.

MILROY, L. and MUYSKEN, P. (1995). One Speaker two Languages: Cross-disciplinary perspectives in code-switching. Great Britain: Cambridge University Press.

MONTANER, C.A. (1976). Informe Secreto Sobre la Revolución Cubana. Madrid: Ediciones Sedmay.

MORÁN ARCE, L. (1980). La Revolución Cubana. Una Versión Rebelde. Ponce, P.R.: Imprenta Universitaria.

OTHEGUY, R., GARCÍA, O., y ROCA, A. (2000). Speaking in Cuban. The language of Cuban Americans. New Immigrants in the United States. (Ed.) By Sandra Lee McKay and Sau-ling Cynthia Wong. Pp. 165-185. New York: Cambridge University Press.

PAZ PÉREZ, C. (1998). Diccionario Cubano de Habla Popular y Vulgar. Madrid: Agualanga Editores.

POPLACK, S. (2000). Sometimes I'll start a sentence in Spanish y termino en español: toward a typology of code-switching. In L. Wei (Ed.), The Bilingualism Reader (pp. 221-256) London: Routledge.

PORTELL-VILÁ, H. (1986). Nueva Historia de la República de Cuba. Miami: La Moderna Poesía.

RAMÍREZ, A.G. (1992). El Español de Los Estados Unidos: El Lenguaje de los Hispanos. Madrid: Editorial Mapfre.

ROMAINE, S. (1995). Bilingualism. 2nd. Ed. Cambridge, MA: Blackwell Publishers.

ROSENBLAT, A. (1945). La Población Indígena de América. Buenos Aires: Institución Cultural Española.

SORUCO, G.R. (1996). Cubans and the Mass Media in South Florida. Gainesville, FL: University Press of Florida.

THOMAS, H. (1977). The Cuban Revolution. New York: Harper and Row, Publishers.

VALDÉS BERNAL, S. (1994). Inmigración y Lengua Nacional. La Habana: Editorial Academia.

VALDÉS, G. (1982). Social interaction and code-switching patterns: A case study of Spanish/English alternation. Spanish in the United States: Sociolinguistics aspects. Ed. By Jon Amastae and Lucía Elías-Olivares, 209-229. New York: Cambridge University Press.

ZENTELLA, A.C. (1997). Growing Up Bilingual. Malden, MA: Blackwell Publishers.

ÚLTIMOS TÍTULOS PUBLICADOS

LA INFLUENCIA HISPANA EN EL INGLÉS AMERICANO. Zainab Mustafa Ávila.

EL HOLOCAUSTO OLVIDADO: GUERRA, MASACRE, PACTO, OLVIDO Y RECUPERACIÓN DE LA MEMORIA HISTÓRICA ESPAÑOLA. Char Prieto.

LÉXICO ANTOLÓGICO DE LA ESCLAVITUD DE LOS NEGROS EN HISPANOAMÉRICA. Jean-Pierre Tardieu.

INDEPENDENCIA Y LITERATURA EN MÉXICO DURANTE LOS SIGLOS XIX Y XX. Gerardo Francisco Bobadilla Encinas.

INFLUENCIA CINEMATOGRÁFICA EN LA NARRATIVA ESPAÑOLA CONTEMPORÁNEA. Alberto Fernández Hoya.

EMANCIPACIÓN Y LITERATURA EN MÉXICO DURANTE EL SIGLO XIX. Gerardo Bobadilla Encinas.

LA OBRA LITERARIA DE JOAQUÍN LEGUINA (1985-2006). Francisco José Peña Rodríguez.

HISTORIA, MEMORIA, DISCURSO. VARIACIONES SOBRE ALGUNOS ENSAYOS BENETIANOS. Adriana Elizabeth Minardi.

YO, HERNÁN CORTÉS: EL JUICIO DE RESIDENCIA. Francisco Manzo Robledo.

EL 'LIBRO DEL CABALLERO CIFAR' Y LA NOVELA BIZANTINA. Luis R. Landrón.

LA OBRA NOVELÍSTICA DE JUAN MARSÉ: TRAYECTORIA Y MUNDO NARRATIVO. Salwa Mohamed Mahmoud Ahmed Khalil.

Elena Fortún, periodista. María Jesús Fraga Fernández-Cuevas.

Historia, ideología y mito: La obra literaria de Carlos Droguett. Emiliano Coello Gutiérrez.

Gemidos y explosiones apocalípticas poshumanas: La novela negra y de ciencia ficción hispana del siglo XXI. Osvaldo Di Paolo.

Contra narrativas del paisaje: Magda Portal, Pedro Nel Gómez, Fernando Vallejo y Blanca Wiethuchter. Mauricio Duarte.

Posmodernidad y Teatro Español: Génesis de la Generación Bradomín. Marimar Huguet-Jerez.

Agentes de cambio: Perspectivas cinematográficas de España y Latinoamérica en el siglo XXI. Fátima Serra de Renobales y Helena Talaya Manso.

Negrótico. Osvaldo Di Paolo y Nadina Olmedo.

De siglo a siglo (1896-1901). Crónicas periodísticas de Emilia Pardo Bazán. María Luisa Pérez Bernardo.

Poética de la hibridez en la literatura mexicana posmodernista. Nicolás Balutet.

La modalidad fantástica en el cuento dominicano del siglo XX. Ángel L. Estévez.

Celestina según su lenguaje. Raúl Álvarez Moreno.

¿Azar o destino?: Novela gráfica, condición humana e historia(s). Aitor Bikandi-Mejías.

Luis Landero: símbolo, paradoja y carnaval. Alfonso Ruiz de Aguirre.

El héroe de ficción y las ficciones del héroe en la obra narrativa de Luis Landero. Raúl Nieto de la Torre.

Verdadera Relación de la Conquista del Perú. Iván R. Reyna.

Presencia del negro en la novela vanguardista hispanoamericana: Tiempo y contratiempo. Maimouna Sankhé Adebowale.

Discursos de deseo: Alternativas de identidad en textos peninsulares (1905-1912). Àngela Bagués.

El espacio lírico y la constructiva en la obra de Julián del Casal. Ivelisse Urbán.

Ser Inmune Desde Adentro: SIDA, escritura y resistencia en las Américas. Margarita María Sánchez González.

De la confesión a la ecología: El viaje poético de Margarita Merino. María Cruz Rodríguez González.

De pícaros y mentirosos en la novela picaresca española del Siglo de Oro. Rafael Dueñas.

"Cada espíritu es un libro": Espiritismo, ciencia y sociedad en el fin de siglo. Alicia Cerezo Paredes.

Estrategias filosóficas y discursivas de Estela Portillo Trambley. Juan José Casillas-Núñez.

Un proyecto de abolición gradual de la esclavitud, José Antonio de Urízar (Santo Domingo, 1795). Jean-Pierre Tardieu.

Joaquín Dicenta: La vida y la obra de un dramaturgo olvidado. Leticia McGrath.

Soñando fronteras de cielo y barro: Nación y género en la invención de Extremadura. Juana Gamero de Coca.

Paisajes masculinos: Masculinidades homoeróticas en la narrativa argentina contemporánea. Mikel Imaz Irastorza.

La influencia experimentada desde la nueva periferia: El caso de la Literatura Española post-imperial. Benito Gómez Madrid.